心理学の世界　専門編　2

老年心理学

高齢化社会をどう生きるか

原 千恵子・中島智子 共著

培風館

本書の無断複写は，著作権法上での例外を除き，禁じられています。
本書を複写される場合は，その都度当社の許諾を得てください。

「心理学の世界」へのご案内

　このシリーズ35巻は，現代人の心理学に対するさまざまな期待や要望に，できるだけきめ細かく，適切に応えようとして企画されたものです。

　現代の社会は複雑かつ急速に変化するようになり，いわゆるバーチャル空間の影響も加わって，人心のあり方がこれまでになく多様化し，相互理解が難しくなってきています。予想もしなかったような事故や犯罪が続発するようになって，誰もが人間の心のはたらき方に，疑問や関心を抱かざるをえなくなってきた感があります。

　一方，そうした疑問・関心になんらかの答えを用意すべき心理学はというと，過去1世紀のあいだに多様な領域に分化して発展しており，その成果を適切なバランスで把握することが，非常に難しくなっています。関心を抱く人々の側の要求も予備知識も多様であることを考え合わせ，このシリーズでは，ねらいの異なる3つのグループに区分けして，編集することにしました。

　第1のグループは「教養編」5巻です。これは心理学というのはどんな学問か，とにかく気楽に，楽しく勉強してみたいと考えている読者を対象に，心理学の興味深い側面を紹介して，より組織的な学習への橋渡しをしようとするグループです。

1. 心理学の切り口	森正義彦 編著／藤永 保・海保博之・松原達哉・織田正美・繁桝算男 著	
2. 認知と学習の心理学	海保博之 著	
3. 発達と教育の心理学	麻生 武 著	
4. 人間関係の心理学	齊藤 勇 著	
5. パーソナリティと臨床の心理学	杉浦義典・丹野義彦 著	

第2のグループは「基礎編」12巻です。これは学部レベルで開講される各種心理学の講義の受講者，心理学関係の資格試験を受験しようとする学習者を対象に，各分野の代表的な理論的・経験的研究を適度の詳しさで解説するグループです。心理学の標準的な領域・知識を網羅し，各種心理学試験の受験に必要となる大学学部レベルの基礎学力を養成することを，主目標としています。

1.	心理学研究法	森正義彦・篠原弘章 著
2.	学習心理学	森 敏昭・岡 直樹・中條和光 著
3.	認知心理学	太田信夫・邑本俊亮・永井淳一 著
4.	知覚心理学	佐藤隆夫・茅原拓朗・北﨑充晃 著
5.	発達心理学	無藤 隆・小保方晶子・若本純子 著
6.	教育心理学	新井邦二郎・濱口佳和・佐藤 純 著
7.	社会心理学	大坊郁夫・堀毛一也・竹村和久 著
8.	臨床心理学	鑪 幹八郎・川畑直人 著
9.	パーソナリティ心理学	杉山憲司 著
10.	組織心理学	古川久敬 著
11.	感情心理学	遠藤利彦 著
12.	生理心理学	堀 忠雄 著

第3のグループは「専門編」18巻です。これは基礎知識を習得した上で，より専門的知識を深めようとする心理学専攻の学部学生や大学院生，ひととおりの予備知識を背景に，興味を抱いた分野のより高度な知識を得ようとする一般読者を対象に，最新の研究成果や特化したテーマについての詳細な知識を紹介するシリーズです。

1.	健康心理学	織田正美・津田 彰・橋本 空 著
2.	老年心理学	原 千恵子・中島智子 著
3.	カウンセリング心理学	松原達哉・松原由枝・宮崎圭子 著
4.	犯罪心理学	大渕憲一 著
5.	ジェンダーの心理学	鈴木淳子・柏木惠子 著

```
 6. 産業心理学      宮城まり子 著
 7. リスクの心理学    広瀬弘忠・土田昭司・中畝菜穂子 著
 8. スポーツ心理学    中込四郎・山本裕二・伊藤豊彦 著
 9. 文化心理学      増田貴彦・山岸俊男 著
10. 進化心理学      長谷川寿一・平石 界 著
11. 経済心理学      竹村和久 著
12. 法と倫理の心理学   仲 真紀子 著
13. アセスメントの心理学 島田 修・橋本忠行 著
14. 計量心理学      岡本安晴 著
15. 心理統計学      繁桝算男・大森拓哉・橋本貴充 著
16. 数理心理学      吉野諒三・千野直仁・山岸侯彦 著
17. 神経心理学      河内十郎 著
18. 遺伝と環境の心理学  安藤寿康 著
```

　現在，日本の心理学界では，心理学関係の各種資格制度をより信頼性の高いものに改変しようと検討を重ねています。このような折，本シリーズは，

① これまでの心理学研究の主要な成果をまとめること
② 心理学という視点からいまという時代をとらえること
③ 時代の要請や問題に応え，未来に向けての示唆・指針を提供すること

をめざすものです。

　これらの目標を「質とまとまりのよさ」という点からも満足できる水準で達成するために，各分野で定評のある代表的な研究者に執筆を依頼するとともに，各書目ごとの執筆者数をできるだけ抑える方針を採用しました。さらに，監修者会議を頻繁に開き，各巻の執筆者とのコミュニケーションを密にして，シリーズ全体としてのバランスと統合性にも配慮しました。

この心理学書シリーズが，より多くの読者に親しまれ，関心と期待に応える形で結晶することを，心から願っております。また，このシリーズの企画実現に機会をくださった，培風館の山本 格社長をはじめ同社編集部のみなさん，なかんずく企画から編集・校正など出版に至る過程の実質的なプロモーターとしてご尽力くださった小林弘昌氏に，紙面を借りて厚く御礼申し上げます。

監修者
森正 義彦　　松原 達哉
織田 正美　　繁桝 算男

● ● ● まえがき ● ● ●

　高齢化が進む中で，心理学領域においても本格的に高齢者を対象とした研究が進められてきた。しかし，その初めは，1970年代頃といわれ，ちょうど東京都老人総合研究所が設立されたと同時期でもあり，長い経過があるとは言えない。また高齢者を研究対象とする学者も多いとは言えない。

　一方で，わが国の高齢化の状況は世界に類をみないスピードであり，65歳以上の高齢者人口は，総人口の22%を超え，5人に1人が高齢者，10人に1人が75歳以上となった。

　本格的な高齢社会を迎え，寿命が延びたことを喜ぶ半面，高齢者関連の問題も山積し，解決を迫られている状況である。故に問題を解決すべく，多くの研究の成果が期待される昨今である。

　心理学における研究としては，加齢にともなう基礎的な研究，高齢者が生活の質やケアの質を高めるために必要な条件は何か，さらに高齢者の孤立化を防ぐために社会的適応力を身につけるために必要なことは何か，などが考えられる。さらに増え続ける認知症の人々の残存能力を回復し，適応力を高めるための心理治療的研究についても期待が大きい。

　一方，高齢社会を負の要因としてではなく，人類がこれまでに遭遇したことのない新たな問題提起であり，これを乗り切ることは，人類の進歩ととらえ，積極的に立ち向かって解決していこうとする視点も生まれてきている。長い高齢期を人生の新しい幕開けと考え，

再学習，再就職などの自己開発へむかう。「老い」を喪失ととらえず，新たな価値を創生する時と考える。例えば資本主義社会での競争原理に基づかず貨幣価値がともなわない，助け合いやボランティア活動に参加することにより，充実した生き方を模索する，などの方向もそのひとつである。そうした中で新たな哲学も生まれるものと思われる。その意味において，一生をどのように統合して受容していくかについても多くの研究的な検討が望まれる。

　長寿は人類の夢であるとは言え，80年，90年の一生を考えることは，これまでにはなかった。しかも，心理学では長い間，研究の対象を青年期くらいまでとする短いスパンであった。長い「時間」のある人生の後半をどのように生きるかは実際問題として個々人が考えなければならない。その時モデルになるのは「今」を生きている高齢者である。高齢者は先輩として，後に続く者たちに，生き方を示してくれている。それは，若い世代に参考となるばかりではなく，すべての世代にとってヒントを与えてくれる。そういった意味で日本ではまだまだ重要視されていない生涯教育の考え方を積極的に導入する必要がある。ライフステージを読み込んだ一生をどのように生きるかについての新たな指針を考える必要がある。

　本書では最初に，老年心理学を概観し，これまでに得られた老年心理学に関して理解を深める。さらに現在を生きる高齢者の状況を最新のデータを基礎にまとめる。まず初め，比較的元気に生きる高齢者の状況について述べた上で，次に認知症の人々への理解を深め，さらにその予防について考える。最後に筆者らが実施した認知症を中心とした心理療法について紹介する。

　執筆者の一人である原は，大学で老年心理学の授業を持ちながら，10数年施設を訪問し実際に高齢者と治療的関わりを続けてきてい

まえがき

る。また介護予防活動のひとつとして65歳以上の一般の人々を対象にした市民のための傾聴講座を長く担当している。共著者の中島は大学院で高齢者を対象とした研究を行い，現在，老年病研究所附属病院認知症疾患医療センターにおいて認知症を中心とした人々への支援，研究を続けてきている。つまり筆者らは日常的に高齢者と共にあるといえ，高齢者の現実的な問題を常に意識しつつ研究を続けている。

　本書は，老年心理学を初めて学ぶ人たちには入門書として，臨床心理士，社会福祉士，精神保険福祉士などの資格取得を目指す人には受験準備書として用いていただきたい。さらに高齢期を迎える人々にとってはそのための何らかの役に立てていただければ幸いである。

　本書が完成するまでには多くの方々にお世話になりました。いつもかわらぬ励ましのお言葉をいただいた松原達哉先生，織田正美先生，出来上がるまで忍耐強く待っていただいた上に貴重な助言を下さった培風館編集部の近藤妙子さん，共著者ともに心より感謝申し上げます。ありがとうございました。

　2012年 春

　　　　　　　　　　　　　　　　　　　　　原　　千恵子

目次

1章 老年心理学の歴史と発展　1

老年心理学の流れ

1-1　老年心理学の流れ　1
1-2　アメリカにおける老年学の研究　3
1-3　老年心理学の展望　4

2章 高齢者の状況　9

高齢者の今

2-1　老年は何歳から　9
2-2　高齢化の状況　10
2-3　要介護等認定の状況　13
2-4　高齢者の現状と課題　15

3章 生涯発達における発達段階　19

人は多くの危機的状況を乗り越えながら発達し続ける

3-1　エリクソンの発達段階　19
3-2　老年期の発達課題　25

4章 老化の概念　35

老化について理解し，老化とどう向き合うかを考える

4-1　老化について　35
4-2　加齢による変化について　41

5章 高齢者の心理学的状況　　49

高齢者の状況を心理学的側面からとらえる

5-1　人　　格　49

5-2　記　　憶　53

5-3　知　　能　58

6章 高齢者の生き方　　63

高齢者の幸せな生き方とは

6-1　幸せな高齢者の生き方とは　63

6-2　サクセスフル・エイジングに対する諸論　64

6-3　主観的幸福感　65

6-4　高齢者の生きがい　70

6-5　プロダクティブ・エイジング　74

6-6　エイジズム　76

7章 生涯学習について　　83

生涯学び続けるために

7-1　生涯学習とは　83

7-2　人生の区切り　84

7-3　Ⅲ期以降の学習　84

7-4　Ⅳ期高年齢期の学習　85

7-5　高齢社会対策大綱における生涯教育について　86

7-6　学習活動に参加している高齢者と今後の課題　88

8章 高齢者の就業　　91

高齢者が働き続けるために

8-1　高齢者の就業の現状　91

8-2　職業能力と加齢にともなう心身機能の特性　92

8-3　高齢者のための就労援助　94

8-4　今後の日本の労働力　96

9章　高齢者の人間関係と社会　99

高齢者の対人関係

9-1　高齢者の家族　99
9-2　高齢者の近所づき合い　103
9-3　高齢者の社会参加活動　106
9-4　高齢者の一人暮らし　108
9-5　孤立からつながり，支え合い　110

10章　精神的病気・不適応　115

老年期に気をつけたい精神的病気について

10-1　高齢者のストレス　115
10-2　うつ状態　117
10-3　せん妄　119
10-4　幻覚・妄想　121
10-5　心気症　124

11章　認知症の心理　127

認知症を正しく理解するために

11-1　認知症の症状　127
11-2　認知症のスクリーニング検査　134
11-3　認知症の対応と援助　138
11-4　認知症への非薬物的な介入方法　144

12章　介護予防の推進　147

要介護にならないために

12-1　介護予防とは何か　147
12-2　介護予防サービス利用者の現状　148

12-3 介護から介護予防へ　149
12-4 地域包括支援センターの役割　150
12-5 介護予防のための心理的援助—傾聴活動を通して　150

13章　介護者のための支援　153

介護疲労をなくすためには

13-1 介護職場における心身の健康管理　153
13-2 家庭における介護者　155

14章　高齢者の心理アセスメント　161

高齢者の心を客観的に把握する

14-1 心理アセスメントとは　161
14-2 テストについて　162
14-3 知的能力検査　163
14-4 行動観察尺度　164
14-5 描画によるテスト　165

15章　高齢者の心理療法　171

能力開発や情緒安定のための援助

15-1 カウンセリング　172
15-2 コラージュ療法　178
15-3 音楽療法　185
15-4 化粧療法　191
15-5 自律訓練法　196
15-6 箱庭療法　203

課題・問題の解答，考えるためのキーワード　211
引用・参考文献　219
索　引　230

1章

老年心理学の歴史と発展

老年心理学の流れ

◧キーワード◨
老年心理学，老年心理学の流れ，ユング，アメリカにおける老年心理学，生涯教育

1-1
老年心理学の流れ

　老年学は人が生まれてから死ぬまでの長い期間中での心身の加齢の影響や高齢社会について学際的に研究する学問であり，老年心理学は老年学を心理学的見地から研究するものである。老年心理学では，発達を質が向上したり，量がふえることを中心としていたこれまでの発達観ではなく，人の一生の発達を受胎から死に至るまでの長いスパンと考える発達観に基づいて，質の低下や減量をも視野にいれて人生の後半の発達を中心に研究するものである。その発達区分としては一般的に，①乳幼児期，②児童期，③青年期，④成人期，⑤老年期に分けられている。

高齢者に対する関心は古代へさかのぼることができ，古代エジプト，ギリシャ時代の記録が残っている。古代社会では老年期に対しては悲観的な見方をしており，アリストテレス(Aristoteles)は，人間は一定のエネルギーを持って人生を開始するが，エネルギーは次第に消費され，ついには消滅すると言っている。老年心理学が科学として研究され始めたのはベルギーの人口学者で統計学者のケトレー(Quetelet, A.)であるといわれている。ケトレーは1835年主著『人間とその能力の発達について』においてさまざまな年齢層の人の特性(身長，体重，知能)の年齢的変化を調べ，人々の平均値をとり，平均的な人の発達の一般的法則を求めようとした。

　20世紀になって高齢者に関心を持って研究した心理学者は数少ないが，1930年代にユング(Jung, C. G.)は後半の人生について発達，成熟の時期ととらえ，人生の前半が一般的に社会へむけて外向きに発達するのに反して，後半の人生は価値観が内面にむき，心的内面が充実し，個人としてその人らしさが育成される充実した時期ととらえた。高齢期を衰退ととらえるのではなく，人間性が深められ完成する時期と考えたのである。

　1940年代には，老年心理学の研究が本格的にはじまり，人の後半の人生を偏見を捨ててあるがままに見ていこうとする動きが活発になってきた。この頃の注目される研究はハヴィガースト(Havighurst, R. J.)のライフステージにおける発達課題やエリクソン(Erikson, E. H.)のアイデンティティや発達段階の研究である(詳しくは，3章参照)。

　そして1970年以降，アメリカを中心に老年心理学の研究は飛躍的に増加してきた。さらに1980年以降，研究は格段に多くなされてきているが，この間はわずか40年ほどであり，老年心理学の歴

史は長いとは言えない。

1-2 アメリカにおける老年学の研究

　アメリカでは1970年代において，生涯発達研究を青年期までと限定していたものを成人期以降老年期までの心身の機能的変化として扱うようになってきた。すべての心身の機能が成熟期以後，量，質ともにどのように変化（発達・衰退）するかについての研究調査が盛んになった。そして成人期以降の精神機能が必ずしも衰退するとはかぎらないことが確認されるようになってきた。例えば高齢になって得られる知恵は，知能とは異なる人間の能力の一つの到達点であることや，老年期になってますます活発に活動し，学習意欲旺盛に生き生きと生活している高齢者は，幼児期，児童期，青年期，成人期をどのように生きてきたか，ということに関心が持たれてきた。つまり人生全体を視野におき，到達点をモデルとし，今をどのように生きるかを考えたのである。この頃，サクセスフル・エイジングは望ましい老後の生き方であり，そのためにどのような生活の仕方が望ましいかについて理論的検討がなされた。人生全体を見据えた生涯教育という大きな視点から各段階の発達を考える教育論が盛んになった。わが国ではそのような視点にたった生涯教育は未開拓な部分であり，今後に期待される分野である。

1-3
老年心理学の展望

(1) 老年心理学の発展について

 なぜ最近になって老年心理学がこのように盛んに研究され始めたかについては、種々の理由がある。もっとも大きな理由は寿命が長くなったことである。かつて日本人の平均寿命は、江戸時代から明治にかけては40歳前半であった。近年になって、1947年頃始めて50歳を超えた。21世紀を迎えた現在、世界的に寿命が延び、2009年現在、日本人の平均寿命は男性79.59歳、女性86.44歳(平成22年7月26日厚生労働省発表「簡易年表」より)である。

 長生きは人類の願望のひとつであるものの、明るい面ばかりではない。その背景には、老化にともなう病気、能力の低下、種々の喪失など問題は山積し、それらは介護、医療、福祉の充実がなければ解決できない。つまり寿命が伸びて高齢者が増加した結果、多くの側面から老いの問題に直面し、解決をせまられている状況であり、そのための研究は必須である。

 また老い自体は、すべての人々にとっての将来像であり、病気や障害がないにしても長い人生をどう生きるかについては、これまでに人類が体験したことのない課題となっている。老いても幸せに、満足して一生を終えるためにはどうしたらよいか、心理学的側面から追求することは老年心理学の課題である。

(2) 生涯教育としての老年心理学

 高齢者と接して得るところは多い。例えば、高齢者一人ひとりが、衰えいく心身の状況を苦痛に耐えながら、納得して受容していく過

程をともに過ごすこと自体に学びがある。

　高齢者は自分の生きざまを示しつつ, あとに続く者がどのように生きるべきかを示してくれる人生の先輩でもある。長い人生を無事に生きてきた高齢者の語りは, 若者にとっては代えがたい人生の教科書となり, 時として勇気を与えてくれる。高齢者が持っている生きるための知恵は人類にとって貴重な財産でもある。

　社会的見地からすれば, 競争社会での経済的な価値観にのみに支配され, その弊害に傷ついている働き盛りの人々にとって, 真実や誠実さを基本とした高齢者の価値観は新鮮であり, 価値の多様性に気づかせ, 癒しをあたえてくれる。したがって高齢者の社会での役割を考えるのも老年心理学の領域である。

　人はなぜ, どのようにして生きるか, 人生にとって何が重要であるのか, などに関連して高齢者から学ぶことは限りなく多く, その生きざまから多くを受け取ることができる。長いスパンを生き抜いた高齢者からその生き方を学べたら, 若人にとって大きなプラスになるであろう。故に老年心理学は生涯教育に新たな視点を与える学問となる。

　老年心理学では個人的側面から加齢の状況を研究すると同時に, 社会全体における加齢の影響を研究し, 個と社会の加齢の相互関係についても検討する。

(3) 老年心理学の課題

　老年学や老年心理学が学問として認知されたのはつい最近のことであるが, その後の老年心理学の発展は著しい。今後, 老年心理学を考える上で大事なことは, ①他領域での研究成果を取り入れ融合をはかる。②心理学的見地にたった老化のメカニズムを把握, 分析

する。すでに人生の初期については多くの時間と労力を費やし，それなりの発達のメカニズムについての成果が得られているが，人生の終わりについての学問的積み重ねは少ない。例えば，高齢者の特徴として個人差が大きいことがあげられるが，その根拠を確かめられたら心理学的側面からの学問的貢献は大きいだろう。③心理学の研究方法として，テスト，調査，実験的研究，面接などがなされているが，老年にふさわしい研究方法について検討が必要である。例えば80, 90代の高齢者は，心身の虚弱から従来の方法では研究が不可能である。新たな研究方法の検討が望まれる。④老年心理学の領域や中心的課題を明確にする，などがあげられる。

◀まとめ▶

- ☐ 老年心理学は老いを心理学的見地から研究するものである。老年心理学がとらえる発達は，質が向上したり，量が増えるなどを中心としていたこれまでの発達観ではなく，人の一生の発達を受胎から死に至るまでの長いスパンと考え，質の低下や減量をも視野にいれて人生の後半の発達を中心に研究するものである。その発達区分としては一般的に，①乳幼児期，②児童期，③青年期，④成人期，⑤老年期に分けられている。
- ☐ 長生きは人類の願望の一つであるものの，明るい面ばかりではなく，老化にともなう病気，能力の低下，種々の喪失など問題は山積し，介護，医療，福祉の充実がなければ解決できない。つまり寿命が伸びて高齢者が増加した結果，多くの側面から老いの問題に直面し，解決をせまられている。そこで，老いても幸せに，さらに満足して一生を終えるために，老いを心理学的側面から追求することが老年心理学の課題である。
- ☐ 老年学や老年心理学が学問として成立したのは最近のことであるが，老年心理学はそれなりの成果が得られている。しかし，「人生の終わり」についての学問的積み重ねは少なく課題は多い。心理学の研

究方法としては，テスト，調査，実験的研究，面接などがなされているが，老年にふさわしい研究方法について検討が必要である。例えば80，90代の高齢者は，心身の虚弱から従来の方法では研究が不可能である。新たな研究方法の検討が望まれる。

◀より進んだ学習のための読書案内▶

藤田綾子・村井潤一・小山　正（編）（2007）．『老人・障害者の心理』ミネルヴァ書房

権藤恭之（編）（2009）．『朝倉心理学講座15　老年心理学』　朝倉書店

斎藤正彦（編）（2010）．『高齢社会考―われわれはいかに生き抜くべきか―』　ワールドプランニング

◀課題・問題▶

1. 老年心理学とは何か。
2. 1970年代のアメリカにおける老年学の状況はどのようであったか。
3. 老年心理学が盛んになってきたのはなぜか。

2章

高齢者の状況

高齢者の今

◀キーワード▶

高齢化率(高齢者の総人口に占める割合),平均寿命,高齢者の健康の基準,高齢者の生き方の特徴,介護されながらの自立

2-1
老年は何歳から

　何歳からが高齢者か,について明確な定義はない。わが国では,老人福祉法では65歳以上を高齢者としているし,国勢調査における高齢者統計の分類も65歳以上である。65〜74歳を前期高齢者,75歳以上を後期高齢者とよんでいる。WHO(世界保健機関)をはじめとする国際的区分でも高齢を65歳以上としている。アメリカのニューガーテン(Neugarten, B. L.)は老年期を65歳以上74歳の高齢前期(young-old)と75歳以上の高齢後期(old-old)に分けることを提唱した。高齢前期の人々は,健康状態もよく働いている人もおり,元気にあふれている人が多い。高齢後期はこれまでならまさに

老年期と言われる人々であるが、病弱者がいる半面人生を楽しみ、社会貢献に活躍している人も多いのが現状である。近年では85歳以上の人々を超高齢期(oldest-old)とする。

2-2 高齢化の状況

(1) 日本における高齢化*

わが国の高齢化はますます進んできている。65歳以上の高齢者人口は毎年増加し、2009年10月現在、過去最高の2901万人となり、総人口に占める割合(高齢化率)は22.7%となった。国民の5人に1人以上が65歳以上、10に1人が75歳以上である。さらに75歳以上の人口増加数は、65～74歳人口の伸びを上回る増加数である(図2・1)。50年後の推計人口では、2.5に1人が65歳以上、4人に1人が75歳以上となり、75歳以上人口は2017年には65～74歳人口を上回り、高齢者数の中で75歳以上人口の占める割合は、

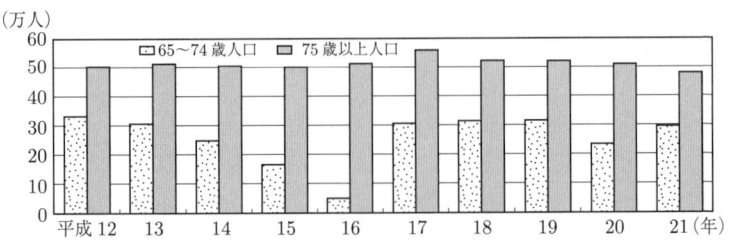

図2・1 高齢者人口の対前年度増加数の推移
出典）総務省「人口推計」(各年10月1日現在)

---

*) 数値は2010年度・高齢社会白書・内閣府より引用

一層多くなるとみられている。

平均寿命についてみると2010年現在，男性79.59歳，女性86.44歳であるが，2055年には，男性83.67歳，女性90.34歳になると推定される。高齢化の要因としては，生活環境の改善，食生活・栄養状態の改善，医療技術の進歩などによる死亡率の低下，少子化の進行による若年人口の減少によるとされている。

(2) 高齢者の健康状態

65歳以上の高齢者の健康状態についてみると，ここ数日，病気やけが等で千人に対して496.0人が自覚症状を訴えている(有訴者率)。65歳以上の人の約半数が自覚症状がある，と言っていることになる。その中で現在，健康上の問題で，日常活動動作，外出，仕事，家業，運動等に影響のあるものは226.3人である。全体の4分の1程度の人が実際に問題を持っている(図2・2)。逆にいえば，65歳以上の人で自覚症状を訴える人がいても必ずしも日常生活に支障をきたしているわけではない。

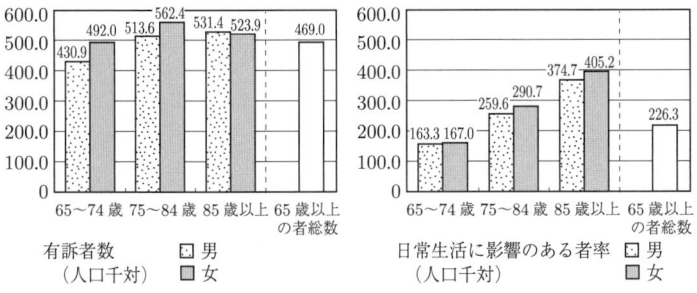

図2・2　65歳以上の高齢者の有訴者率及び日常生活に影響のある者率
出典) 厚生労働省「国民生活基礎調査」，平成19年

(3) 健康についての国際比較

内閣府「高齢者の生活と意識に関する国際比較調査」(平成 12 年・平成 18 年)によると,60 歳以上の高齢者の健康についての意識の国際比較では,「健康である」と考えているのは,日本人が 64.4% でもっとも高い。そして「あまり健康であるとは言えないが,病気ではない」と考えている日本人は 29.9% で他国と比較すると少ない。国際比較でみる限り日本人の「健康である」という意識はかなり高いと言える(図 2・3)。健康寿命(心身ともに自立して健康に生活できる期間)の国際比較においても日本の高齢者は「健康である」という意識は高く,日本(76 年),アメリカ合衆国(70 年),ドイツ(73 年),フランス(73 年),韓国(71 年)であり,4 か国のなかでも最長である。

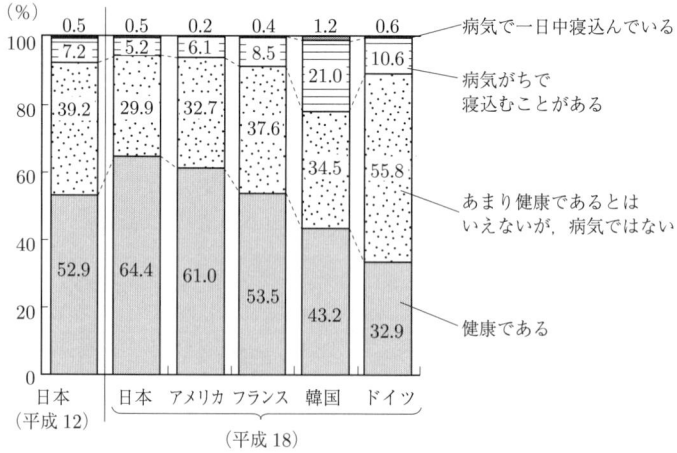

図 2・3 60 歳以上の高齢者の健康についての意識(国際比較)

注:調査対象は,全国 60 歳以上の男女
出典) 内閣府「高齢者の生活と意識に関する国際比較調査」(平成 12 年・平成 18 年)

(4) 高齢者の健康を測る方法

1984年WHOは高齢者の健康の基準として生活機能の自立の程度とすることを提唱した。自立を健康の条件とするということであり、この考えに基づけば健康度の測定ができる。

ロートン(Lawton, M.P., 1972)は高齢者の自立度を7段階に分けた。①生命の維持、②機能的健康度、③知覚−認知、④身体的自立、⑤手段的自立、⑥状況対応、⑦社会的役割である。④身体的自立は生活の自立の程度であり、入浴、衣服の着脱、排尿・排便の自立、移動、食事の能力である。日常生活動作能力(activities of daily living; ADL)とも言え、障害がある場合や要介護度が高い場合、自立度は低く、寝たきりの場合はほとんど自立できていない。⑤手段的自立はADLよりも一段階高い自立であり、電話の利用、買い物、食事の支度、洗濯等の家事、預貯金の管理などで、これを測定する尺度を手段的ADL尺度という。この7段階は、基本的な生命の維持という生物として生存することからはじまり、社会的役割を果たすまでを考えている。高齢者はあらゆる面にわたり個人差が著しく、他の年代と比較してこれほど個人差の広がりがある年代はない。健康状態、心身の能力、自立の程度などは多様である。故に自立の程度により健康度を測定することができればケアにおいてかなり有効である。

2-3 要介護等認定の状況

2000年から介護保険サービスが実施された。その利用状況をみると2010年では全体でおよそ383万人で、そのうち男性は28.1%

で,女性は71.9%である。介護度をみると要支援1, 2, 要介護1, 2の合計は男性約60.5万人で女性は約159.3万人である。要介護3以上の介護度の高い人は,男性約47.0万人で女性は約116.2万人である(表2・1)。

要支援,要介護の認定を受けた被保険者は,75歳をすぎると65〜74歳のおよそ5.7倍近く増えている。表2・2に示すように75歳

表2・1 介護保険サービスの利用状況

(単位:千人)

	総数	介護予防サービス		介護サービス				
		要支援1	要支援2	要介護1	要介護2	要介護3	要介護4	要介護5
受給者総数 (65歳以上の受給者)	3,832.4 [100.0] (100.0)	357.1 (9.3)	451.1 (11.8)	667.1 (17.4)	724.3 (18.9)	640.8 (16.7)	546.5 (14.3)	445.5 (11.6)
男	1,076.5 [28.1] (100.0)	83.6 (7.8)	105.9 (9.8)	185.2 (17.2)	231.0 (21.5)	202.9 (18.8)	158.0 (14.7)	110.0 (10.2)
女	2,755.8 [71.9] (100.0)	273.6 (9.9)	345.1 (12.5)	481.9 (17.5)	493.3 (17.9)	437.9 (15.9)	388.5 (14.1)	335.6 (12.2)

(注1) [ ]内は受給者総数に対する男女の割合。( )内は総数に占める割合(単位:%)
(注2) 65歳以上の受給者は,65歳以上の年齢階級別の受給者数(千人単位)を足したものである。
(注3) 総数には,平成21年2月サービス提供分以前の経過的要介護の者を含む。
出典) 厚生労働省「介護給付費実態調査月報」(平成22年1月審査分)より内閣府作成

表2・2 要介護等認定の状況

単位:千人,( )内は%

65歳〜74歳		75歳以上	
要支援	要介護	要支援	要介護
187 (1.3)	460 (3.1)	960 (7.5)	2,769 (21.6)

(注) 経過的要介護の者を除く。
出典) 厚生労働省「介護保険事業状況報告(年報)」(平成19年度)より算出

未満では要支援と要介護を加えてもわずか数％であるが，75歳以上になると要介護の認定を受ける者が大きく上昇し，要支援に要介護を加えると30％近くになる。75歳以上の3人に1人は要介護者ということになる。

2-4 高齢者の現状と課題

死を迎えるまでの長い期間をどのように生きるかについて船津は「老いのプロセスは単なる喪失以上のものであり，そこでは衰退というより変化・変容を通じて成熟がなされている。高齢者においては過去が再構成され・・・・それをよりどころにして現在への意味づけがなされる。・・・・現在を解釈しなおすことによって，新たな意味を創造することができる」と，表2・3を提案している（辻・船津，2003）。

寿命が長くなり，多くの高齢者は働く意欲と能力を持ちながら定年を迎えている。調査によると退職時には70％の人が死ぬまで働きたいと願っている。一方，老年期は経済的な心配がなければ，い

表2・3 新しい「老い」のイメージの形成

○ 変化・変容を通じての成熟
○ 社会的束縛からの解放
○ 人生を振り返る「内省」
○ 「健康」・「若さ」・「能率」原理からの脱却
○ 競争から共生関係へ，依存に基づく自立
○ 既存の役割規定を越える「役割形成」の展開

出典）辻・船津（2003）

ろいろな生き方ができる年代でもある。さらに高齢者は心身ともに個人差が大きい世代であり、生き方にも多様性がある。60歳すぎの人々を制度で縛ることには無理があり、むしろ年齢、ジェンダーを超え、個人が活躍できる場を作る必要がある。例えば起業への援助・助成、ボランティア活動への援助等を積極的に行うなど社会でもバックアップする姿勢が期待される。

仕事ばかりではなく、学習やボランティアなどの社会貢献、社会参加などに高い意欲を持っている高齢者も多い。そのような方向への公的援助も進んできている。しかし、実際には高齢者が自己実現できる場は少なく、能力や意欲が十分生かされているとは言えない状況である。20年から30年ある長い後半の人生を積極的に生きられる社会構造や経済構造があれば、高齢者は人生を2度生きるほどの充実感が得られるであろう。同時にそうした意欲と熱意は社会にとっても有効な力となり、政治、経済にも大きな影響力を及ぼすであろう。そのような社会が実現できれば、少子高齢化は必ずしもマイナスとは考えられない。これまでに類を見ないほど早く高齢化を迎えたわが国では、高齢化をどのように乗り切るかは個人にとっても社会にとっても一つの試練でもある。

高齢者自身も60歳を超えたら悠々自適、などというこれまでの生き方にとらわれず、自由な発想のもとで社会との接点を持ちながら新たな生き方を模索できるのではないか、またそのような自信が期待される。

とは言っても高齢者は最終的に要介護状況にならざるを得ないが、老いの過程を前向きに受け止めて、介護されながらも自立の気持ちを失わないことも大事である。つまりどんな状況に至っても自己を失わず、セルフヘルプの気持ちが重要だと言える。高齢化問題を負

と考え，社会の衰退ととらえるのではなく，社会のさらなる発展と考え，これまでにない社会を実現させるための契機としたい。そういった意味では，高齢化社会をどう乗り切るかはすべての人にとっての課題でもある。

◀まとめ▶
☐ 65歳以上の高齢者人口は毎年増加し，総人口に占める率(高齢化率)は22.7%となった。国民の5人に1人以上が65歳以上，10人に1人が75歳以上である。75歳以上の人口増加数は，65〜74歳人口の伸びを上回る数である。
☐ 65歳以上の要介護認定者はわずか数%であるが，要支援，要介護ともに75歳をすぎると65〜74歳のおよそ5.7倍近く増えている。75歳以上の3人に1人は要介護者ということになる。
☐ 高齢化問題を社会の衰退ととらえるのではなく成熟した社会がさらなる次の発展へ向けるための超えるべき課題ととらえる。

◀より進んだ学習のための読書案内▶
内閣府 (2010).『高齢社会白書』佐伯印刷
柴田　博 (2002).『8割以上の老人は自立している』ビジネス社
辻　正二・船津　衛(編著) (2003).『エイジングの社会心理』北樹出版

◀課題・問題▶
1. 日本の高齢化の状況について述べよ。
2. わが国の高齢者の健康状況について述べよ。
3. 高齢化問題をどのようにとらえるか述べよ。

3章

生涯発達における発達段階

人は多くの危機的状況を乗り越えながら発達し続ける

【キーワード】
生涯発達理論, エリクソン, ライフサイクル, 心理社会的発達論, 発達課題, 老年的超越, ハヴィガースト, ニューマン, ペック, レビンソン, ビューラー

●●● 3-1 ●●●
エリクソンの発達段階

(1) 発達について

"発達"というと，赤ちゃんが成長していく過程や子どもが大人になる段階のことを思い浮かべる人が多いと思われる。心理学では，生涯発達理論が確立され，人が生まれてから死ぬまで，生涯に渡っての発達が研究されている。

1970年にドイツの心理学者グーレット(Goulet, L.R.)とバルテス(Baltes, P.B.)が連続的な生涯発達の視点の重要性を指摘していた(Goulet & Baltes, 1970)。ユング(Jung, C.G.)は中年期を人生の正

午とし，折り返しとなる後半の人生と，「オールド・ワインズマン(老賢者)」という集合的無意識の原型(archtype)を想定し，老年期における知性・人格の円熟と人生の価値認識の統合の可能性を意識した。

特に生涯発達理論に影響を与えたのが，エリクソン(Erikson, E. H.)の心理社会的発達段階説である。エリクソンは「人間は心理的，社会的には生涯発達し続ける」という観点から，人生のライフサイクルを8段階に区分し，各段階で乗り越えなければならない課題があると考えた。

エリクソンのライフサイクルは8段階が有名であるが，彼は80歳の時に自分の経験を踏まえた本"*THE LIFE CYCLE COMPLETED A REVIEW*"（日本語訳：『ライフサイクル，その完結』）を刊行し，92歳で亡くなった。そして，その3年後にエリクソンの妻である，ジョウン・エリクソン(Joan M. Erikson)が93歳で増補版"*THE LIFE CYCLE COMPLETED A REVIEW*(Expanded Edition)"（日本語訳：『ライフサイクル，その完結』(増補版)）を出版し，そこに第9の段階を記している。

(2) 心理社会的発達論

エリクソンは，A. フロイト(Freud, A.)の教育分析を受けている。A. フロイトの父であるS. フロイト(Freud, S.)は性的な衝動であるリビドーの発達から「心理性的発達理論」を唱え，各段階での固着がその後の性格形成に影響を与えていると述べている。フロイトは，生物的視点からの発達に注目したが，エリクソンは，そこに心理社会的要素を加え，「心理社会的発達段階」という，独自の発達段階を唱えている。さらにフロイトは12歳以降を性器期として1つに

3-1 エリクソンの発達段階

老年期								統合 対 絶望 (英知)
成年期							生殖性 対 自己没入 (世話)	
成年前期						親密性 対 孤独 (愛)		
思春期					アイデンティティ 対 混乱 (忠誠)			
学童期				勤勉性 対 劣等感 (才能)				
遊戯期			自発性 対 罪悪感 (決意)					
児童初期		自律 対 恥と疑惑 (意志)						
乳児期	基本的信頼 対 基本的不信 (希望)							

図3・1 エリクソンの発達段階—心理社会的発達段階
(注)(　)内は課題への活力
出典)Erikson et al.(1986)

しているが,エリクソンは,それ以降にもその理論を広げ,8つのステージに分け,各段階での心的危機を示し,発達課題があると述べている(図3・1)。

例えば第1段階の乳児期を見ると,基本的信頼 対 基本的不信とあり,相反する2つの方向性で示され,同調要素と失調要素で表現されている。各危機の解決では同調要素のみではなく,両者の統合したものが正常な発達には必要となる。また次の発達段階に向かうための前段階として,その前の段階での課題達成が必要となる。

守屋(2005)は,「エリクソンは,老年期を個人のライフ・サイクルの中の最終的な円熟段階として位置付けるだけでなく,進行する世代のサイクルの中で責任を果たすべき重要な段階として位置付け

ている」と述べている。

老年期は第8段階にあり，その発達課題は，自我の"統合 対 絶望"である。そしてそのバランスから生まれる力が"英知"である。エリクソンは，この"英知"について，「英知とは，死そのものを目前にしての，人生そのものに対する超然とした関心である。英知は，身体的精神的機能の衰えにもかかわらず，経験の統合を保持し，それをどう伝えるか学ぶ」と述べている(Erikson et al., 1986 朝長ら，1990)。

エリクソン理論における統合とは，自分の人生という事実を受け入れ，死に対してそれほどの恐怖感をもたずに立ち向かうことのできる能力を意味している。統合の感覚を確立した老人は，自分の過去について，実存的な観点から眺めることができる。統合の反対の方向は絶望である。老人が統合を経験するためには，一生を通しての一連の葛藤や失敗や失望を，自分の自己像に包摂しなければならない。しかし，過去に対する後悔の気持ちや，もっと違うようにやればよかったという感情が生まれ，別の道を探そうとしても今や時間があまりにも短すぎ，絶望の感覚に向かう。過去の失敗を償うなんの希望ももちえないままに，死を絶望的におそれたりもする(Newman & Newman, 1984 福富，1988)。

エリクソンは，1986年に出版した"*VITAL INVOLVEMENT IN OLD AGE*"(日本語訳:『老年期 生き生きしたかかわりあい』)の中で「第9番目の段階」の存在をほのめかしている。人は老年期の統合という課題に直面し，過去を再経験せざるを得ないが，エリクソンはそれを「死に向かって成長すること」だと表現している(Erikson et al., 1986 朝長ら，1990)。

(3) 第9の段階

 J. エリクソン(1997)は,「老年期と言っても,80歳や90歳になると,それまでとは異なる新たなニーズが現われ,見直しが迫られ,新たな生活上の困難が訪れる。これらの問題への的確な検討と取り組みには,新たに第9の段階を設定して,この時期特有の課題を明確化することが不可欠となる」と述べている。

 第9の段階では,その前段階での課題達成が必要であるとは考えられていない。しかし,第9段階では各発達段階での危機と再度向き合うことになる。例えば,老年期では,身体が不可避的に衰えるため,自らの能力に不信感を抱くようになり,第一段階の発達課題である基本的信頼感を再獲得することが求められる。また,老年期では,退職や子どもたちの巣立ちなど,大きな環境の変化があり,第5段階の発達課題である自我同一性の再獲得が求められ,その後の人生についてのアイデンティティが必要となるのである。

 J. エリクソンは,各段階で経験されるであろう,このような危機的状況について述べ,もし老人が第9の段階の人生経験に含まれる失調要素を甘受することができるならば,老年的超越性(gerotranscendence)に向かう道への前進に成功すると確信していると述べている。

(4) 老年的超越(gerotranscendance)

 J. エリクソンは,老人が身体や能力の衰えに対して如何に向き合っていくかを追跡する研究の中で,老年学者たちは,ある種の老人が発達させ保持している一つの状態を記述するために「超越」という言葉を使い始めていると述べ,まずラルス・トルンスタム(Tornstam, L.)らの「老年的超越」(gerotranscendence)という言葉

の引用からはじめ，いくつかの理論を引用している。

　J. エリクソンは，この著書を記した時が93歳であり，彼女自身が第9の段階にあった。そして，これまでの理論を述べている老年学者について，多分，彼らは若すぎるのだと述べ，彼女は自身の経験を踏まえ，老年的超越について次のように表現している。「もし「トランセンデンス」(超越)が活性化されて「トランセンダンス」(transcendance)になれば，「超越」はまさに息づき始めるということだ。・・・中略・・・老年的トランセンダンス(gerotrancendance)の域に達することは，時空を超えて，高みに上がること，凌ぐこと，まさること，限界を超えることである。それは人間の知識と経験の全てを越えることを含む。トランセンダンスとは，(遊びや活動や喜びや歌を含む)失われたスキルを取り戻すことであり，そして，何よりもまず，死の恐怖を乗り越える大きな躍動である。それは，着実な跳躍によって未知の世界に前進する通路を与えてくれる。不思議なことに，このために我々に求められるものは，誠実でゆらぐことのない謙譲なのである。」

　J. エリクソンはダンスを勉強にウィーンに行った折に，精神分析家としての訓練を受けていたエリクソンと出会い，結婚している。訳者は注釈で「transcendance」という語は，J. エリクソンの造語であり，「transcendence」とともに「超越」を意味する名詞であるが，語尾を「dance」にすることによって，ダンスのもつ優美さや躍動性といったニュアンスを「超越」の語に含ませようとしたものと思われるとしている。また，J. エリクソンは，老いるということは偉大な特権であり，それによって，長い人生を振り返り，振り返りつつその人生を追体験できると述べている。老年期にある彼女は，身体的な衰えを自覚し，夫の死も経験した状況の中で，過去を

振り返り，ダンスに熱中し，輝いていた時代を追体験し，それを受け入れ，人格を統合したからこそ，そこに辿り着き，自分自身の経験から，「老年的超越」(gerotranscendance)を記し，そこに至ったのではないだろうか。

3-2 老年期の発達課題

(1) 老年期について

日本では古くから人生の節目に通過儀礼がある。誕生後の産湯に始まり，7日目にお七夜で名前が付き，お宮参り，お食い初め，初節句と続く。七五三や立春式などを経て成人すると，厄年などがあり，61歳(数え年)で還暦を迎えると，その後は長寿の祝いとして，古希(70歳)，喜寿(77歳)，米寿(88歳)，卒寿(90歳)，白寿(99歳)と続く。還暦は，60年で干支が一回りし，生まれた時の干支に戻ることからきている。古希は，唐の詩人，杜甫が「人生70古来希なり」と詠んだことからきており，昔は70歳まで生きるのは"希"であったが，現在は"前期"高齢者とよばれる歳である。

WHO(世界保健機関)の定義では，65歳以上を高齢者としている。わが国の平均寿命は，公衆衛生水準の向上，医療提供体制の充実などによって飛躍的に伸びており，平成21年は男性79.59歳・女性86.44歳(平成22年7月26日厚生労働省発表「簡易年表」より)であり，男女ともに過去最高となる長寿大国である。さらに，100歳以上の長寿者も増加しており，「敬老の日」を前にした厚生労働省の調査では，平成22年度中に100歳の誕生日を迎える高齢者が9月1日時点で過去最高の2万3269人(前年度比1666人増)に上っ

ている。これらのことから65歳からの老年期の時期も長くなっており、この時期をどのように過ごしていくかが重要な課題となってくる。エリクソン(2001)も老年期が「発見」されたのはごく最近のことであり、老人の数の増大によって、老人は選りぬかれた一握りの長老(elders)という意味から、大量の年長者(elderlies)の群を現わすものへと変化し(老人自身もそう思い)、老年期の再定義が必要になったのであると述べている。

人は生まれてから死ぬまで、生涯に渡って発達し続ける。発達し成長する時には、危機的状況と乗り越えるべき課題が出現する。先に述べたエリクソンの発達段階では、自我の統合 対 絶望が第8段階に当たる老年期の課題であり、さらにそこから老年的超越という第9の段階があった。老年期にはどのような課題が出現するのか、さらに詳しくみていきたい。

(2) ハヴィガーストの発達課題

ハヴィガースト(Havighrst, R. J., 1953)は、人生を幼児期、児童期、青年期、壮年初期、中年期、老年期の6つの段階に分け、各段階における発達課題を示し、老年期では、**表3・1**に示す6つの課題を挙げ、「老人はなおもいろいろの新しい経験や遭遇すべき新しい状況などを目の前に持っている」と述べている。

老年期の課題を見ると、老年期には加齢に伴う身体面の変化、定年退職などによる仕事からの引退、配偶者の死など、環境の変化が大きく、喪失体験が多くなり、それらの変化に適応し、あらたな社会的役割を獲得していくことが課題となるであろう。

ハヴィガースト(1953)は、「生活することは学ぶことであり、成長することも学ぶことである」と述べ、「老後あまり仕事ができな

表 3・1　老年期の発達課題

1. 肉体的な力と健康の衰退に適応すること
2. 隠退と収入の減少に適応すること
3. 配偶者の死に適応すること
4. 自分の年ごろの人々と明るい親密な関係を結ぶこと
5. 社会的・市民的義務を引き受けること
6. 肉体的に満足な生活をおくれるよう準備すること

出典）Havighurst(1953)

くなったときは円満に隠退したり，四十年間もともにくらした夫または妻なしに，ひとりでくらすことを学ぶ。これらはすべて学習の課題である。人間の発達を理解するためには，われわれは学習を理解しなければならない。人間はめいめい一生涯学習を続けるのである」と述べている。さらに，「個人が学ばなければならないもろもろの課題，すなわち生涯の発達課題は，われわれの社会において健全な成長をもたらすものである。発達課題は，個人の生涯にめぐりくるいろいろの時期に生ずるもので，その課題をりっぱに成就すれば個人は幸福になり，その後の課題も成功するが，失敗すれば個人は不幸になり，社会で認められず，その後の課題の達成も困難になってくる」と述べている。

(3) ニューマンらの発達課題

　ニューマンら(Newman, B. M. & Newman, P. R., 1984)は，人生段階の主要な統合的テーマは，人生がどんなに長くなろうとも，個人的な意味を追求しつづけるということであると述べ，老年期の発達課題として，①老化にともなう身体的変化に対する対応，②新しい役割へのエネルギーの再方向づけ，③自分の人生の受容，④死に対する見方の4つを挙げている(**表 3・2**)。

表 3・2 ニューマンらによる発達課題

人生段階	発達課題
乳児期 (誕生〜2歳)	1. 社会的愛着, 2. 感覚運動的知能と原始的因果律 3. 対象の永続性, 4. 感覚的・運動的機能の成熟
歩行期 (2〜4歳)	1. 移動能力の完成, 2. 空想と遊び 3. 言語の発達, 4. セルフコントロール
学童前期 (5〜7歳)	1. 性の同一視, 2. 具体的操作 3. 初期の道徳性の発達, 4. 集団遊び
学童中期 (8〜12歳)	1. 社会的協力, 2. 自己評価 3. 技能の習得, 4. チームプレイ
青年前期 (13〜17歳)	1. 身体的成熟, 2. 形式的操作 3. 情動の発達, 4. 仲間集団における成員性 5. 異性関係
青年後期 (18〜22歳)	1. 両親からの自立, 2. 性役割同一性 3. 道徳性の内在化, 4. 職業選択
成人前期 (23〜34歳)	1. 結婚, 2. 出産, 3. 仕事 4. ライフスタイル
成人中期 (35〜60歳)	1. 家庭の経営, 2. 育児, 3. 職業の管理
成人後期 (61歳〜)	1. 老化にともなう身体的変化に対する対応 2. 新しい役割へのエネルギーの再方向づけ 3. 自分の人生の受容, 4. 死に対する見方の発達

出典) Newman & Newman (1984) を改変

① 老化にともなう身体的変化に対する対応

良い身体条件を維持するためには，定着した生活状態やしだいに意のままにならなくなった身体を補う努力を重ねなければならない。

② 新しい役割や活動へのエネルギーの再方向づけ

役割の移行と役割の喪失は，生涯のどの時期においても生じるが，成人後期には主要な生活機能の見なおしをふくむ一連の役割変化が生じやすい。

③ 自分の人生の受容

人は，自分の業績の限界について，ある程度失望せざるを得ない自分自身の現実を受け入れ，目標と実績の間に差があることを認識できなければならないが，自分の過去の人生をあるがままに受け入れることは困難な課題かもしれない。それには，自分の業績をふりかえるときに，失望とか危機を強調するのではなく，それらを素直に受け入れるという方法が考えられ，こうした方法をとることで，自尊心を保持しつつも自己強化は目指さないといった全体的バランスに到達できるものであろう。

④ 死に対する見方の発達

死についての見解を発展させるには，自分自身の死を受け入れる能力と同時に，親しい親戚や友人の喪失を受け入れる能力が必要となり，この場合，後者のほうがより困難であるかもしれない。死は，人間としての自分の価値，何かをなしとげる自分の能力，そして他者の生活に影響を与えたいという願望を決して脅かすものではない。自分の人生を受け入れた結果，恐怖を感ずることもなく，その終末を受け入れることができるようになる。

ニューマンら(1984)は，最後に，「児童，青年，若い成人，中年，そして老人自身が，成人後期についてもっているイメージに対して注目することが大切である。人生のすべての段階において，充実した人生後半を前向きに考えながらすごすことが，幸福感に影響をおよぼすことを過小評価してはいけない。もし将来に何の希望がもてないならば，それ以前の段階はすべて意気消沈したものになってしまうであろう。もし人生後半が新たな人生経験に満ちたものであると予想しうるならば，それ以前の人生経験に確信がもて素直に受容することもできるに違いない」と述べている。

(4) その他の発達課題

ペック(Peck, R.)は、エリクソンの人生後半の段階について、考察が概括的であると批判し、老年期をさらに3段階に分け、発達課題を示し、引退の危機、身体的健康の危機、死の危機を挙げている。

レビンソン(Levinson, D. J.)はフロイト、ユング、エリクソンなどの説を検討し、実証的に研究を行い、人生を四季に喩え、児童期・青年期、成人前期、中年期、老年期と4つの発達段階に分け、ライフサイクル論を展開した。レビンソンは、それぞれの時期の生活構造に着目し、青年期以降の各段階では生活構造が築かれる安定期と生活構造の見直しと修正を迫られる過渡期が交互に現れるとした。

ビューラー(Bühler, Ch.)の発達研究は、その研究方法から伝記心理学的研究とよばれている。ビューラーらが集めた伝記の数は、その報告の年が遅くなるにつれて増えているが、フレンケル(Frenkel, E.)の報告では、その数はおよそ400であり、種々の国民、さまざまな社会階級ならびに職業に及んでおり、手紙や日記やその他の記録が参考資料として利用されているとしている。そして、ビューラーは、意図性を自己決定の側面からとらえ、生涯に**表3・5**に示すような5つの時期を考えている(守屋、2005)。

J. エリクソンは、「老いるということは偉大な特権である。それによって、長い人生を振り返り、振り返りつつその人生を追体験できる」と述べている。黒川(2006a)は、回想法は、受容的、共感的、支持的な良き聞き手とともに心を響かせあいながら過去の来し方を自由に振り返ることで、過去の未解決の葛藤に折り合いをつけ、その人なりに人格の統合をはかる技法と述べている。老年期は引退や

表3・5 ビューラーによる人生目標に関する自己決定の5段階

段 階	年 齢	特 徴
第1期	～15歳	人生目標の自己決定以前の時期
第2期	15～25	人生目標の試験的ならびに準備的な自己決定の時期
第3期	25～45-50	人生目標の自己決定がいっそう特殊化され明確化される時期
第4期	45-50～60-65	それまでの人生，ならびに達成ないしは失敗に終わった成就の評価の時期
第5期	60-65～	多かれ少なかれ完全な成就が認められ，自己決定後の人生が，休息と思い出，時には病気と衰退を伴って定まる時期。場合によっては，部分的な成就と部分的な失望とによって，人が以前の努力の形式に立ち戻るように動機づけられ，時にはまた放棄へと動機づけられる時期。あるいは，多かれ少なかれ完全な失敗の感情によって，結局，憂うつと失望とに至る時期

出典）守屋(2005)

喪失体験など環境の変化が大きく，身体的にも衰えて行く時期である。そして人生を振り返り，自己を見つめ直す時期にある。高齢者の話に耳を傾け，傾聴し，寄り添うことで，その後の人生に適応し，人格を統合していくことができるのではないだろうか。そして高齢者自身も，それまでの経験で培われた英知を生かし，人生を統合し，適応していくことで，老年的超越に至るのではないだろうか。

(5) 発達課題と高齢者の役割

生涯発達理論では，人が生まれてから死ぬまでの発達について，危機や発達課題などが研究され，その年齢も区分されているが，人生の過渡期は人それぞれであり，その時期にある人は，それが発達課題であるかどうかを意識することはない。しかし，時に自分の人

生を振り返り，また先を見据えて考えることは誰にでもあるであろう。そうした時に，自分のこれまでの人生を受け入れ，その先の人生に自信と希望を持てるかどうかは重要である。

ニューマンら(1984)は「人生後半が新たな人生経験に満ちたものであると予想しうるならば，それ以前の人生経験に確信がもて素直に受容することもできるに違いない」と述べている。また，「統合の達成は，心理社会的成長において頂点であり，私たちは，死という究極的な現実を考えながら，いかにして人生の意味を見いだすのか」と述べ，「老人世代における統合の達成は，若い人たちに対して，それぞれの人生段階での挑戦をうながす示唆となっている」と述べている。

守屋(2005)は「ビューラーの自己決定の5つの時期は，人生目標という未来によって人間生涯が規定されていることを示唆しており，未来からの人間理解が重要であることをわれわれに気付かせてくれる」と述べている。

高齢社会となった現代では，高齢者の存在が大きくなる。高齢者が手本となり，新たな社会的役割を得ていくことで，高齢者は適応に向かい，若者は高齢者から学び，人生目標を持ち，課題を乗り越える力を得られるのではないだろうか。

◖まとめ◗
☐ エリクソンは「人間は心理的，社会的には生涯発達し続ける」という観点から，人生のライフサイクルを8段階に区分し，各段階で乗り越えなければならない課題があると考えた。
☐ 老年期は第8段階にあり，その発達課題は"自我の統合 対 絶望"である。そしてそのバランスから生まれる力が"英知"である。
☐ 第9段階では各発達段階での危機と再度向き合うことになる。もし

❏ 老人が第9の段階の人生経験に含まれる失調要素を甘受することができるならば，老年的超越性(gerotranscendence)に向かう道への前進に成功する。

❏ ハヴィガーストは，幼児期，児童期，青年期，壮年初期，中年期，老年期の6つの段階に分け，老年期の発達課題として，**表3·1**に示す6つの課題を挙げている。

❏ ニューマンらは，老年期の発達課題として，①老化にともなう身体的変化に対する対応，②新しい役割へのエネルギーの再方向づけ，③自分の人生の受容，④死に対する見方の4つを挙げている。

❏ ペックは，老年期をさらに3段階に分け，発達課題を示し，引退の危機，身体的健康の危機，死の危機を挙げている。レビンソンは人生を四季に喩え，児童期・青年期，成人前期，中年期，老年期と4つの発達段階に分けた。

◀より進んだ学習のための読書案内▶

Erikson, E. H., & Erikson, J. M.（1997）. *THE LIFE CYCLE COMPLETED A REVIEW*（Expanded Edition）. W.W. Norton & Company.（村瀬孝雄・近藤邦夫(訳)（2001）.『ライフサイクル，その完結（増補版）』みすず書房）

☞ エリクソンが80歳の時に記した最後の著書であり，後半は妻のJ. エリクソンが第9の段階について記している。

Erikson, E. H., Erikson, J. M., & Kivnick, H. Q.（1986）. *VITAL INVOLVEMENT IN OLD AGE*. W.W. Norton & Company.（朝長正徳・朝長梨枝子(訳)（1990）.『老年期─生き生きしたかかわりあい─』みすず書房

☞ 老年期についてエリクソンらが行った面接などの研究を元に，老年期について語られている。

守屋國光（2005）.『生涯発達論─人間発達の理論と概念─』風間書房

☞ 老年期だけでなく，生涯発達論として，発達の概念や主要な発達理論などがまとめられている。

◀課題・問題▶
1. エリクソンの心理社会的発達段階の老年期の課題について述べよ。
2. ハヴィガーストの考える老年期の課題について述べよ。
3. ニューマンらの老年期の発達課題を挙げよ。

4章

老化の概念

老化について理解し，老化とどう向き合うかを考える

【キーワード】
老化，ストレーラー，老性自覚，身体機能，内臓機能，筋・骨格機能，感覚・知覚機能，個人差，個人内差

4-1 老化について

(1) 老化とは

　老化とは，年をとる(加齢)に従って，肉体的，精神的機能が衰えることである。この老化という現象には個人差があり，また各個人の感じ方もさまざまである。

　老化というと，顔に皺が出る，白髪が生えるなど，外見上の変化をまず思い浮かべるかもしれない。また日常生活において，物忘れが多くなる，疲れやすくなるなど，何気ない時に感じる人もいるであろう。では，このような老化は何故起こるのだろうか。

(2) 老化の学説

老化については，さまざまな学説がある(表4・1)。

老化の原因についてはたくさんの説があるが，大きく2つに分けることができる。ひとつはプログラム説であり，生物の体の中に，老化と死のプログラムが備わっていると考える立場で，宿命説とか，決定論などともよばれている。もう一方は，傷害蓄積説とかエラー蓄積説などとよばれており，老化は，さまざまな内因，外因による悪い出来事がつもりつもった結果おこり最終的に死に至るという考え方である(藤本，2000)。

ストレーラー(Strehler, B. L., 1962)は老化現象に共通する4つの原則を挙げている。

① **普遍性**(universality)

老化は，生あるものすべてに共通して起こる。遅速の差はあっても避けることはできないので，必ず起こってくる現象である。

② **内在性**(intrinscality)

老化は，誕生や成長や死と同じように個体に内在するものによってもたらされる。

③ **有害性**(deleteriousuess)

老化現象の最も特徴的なものとして，機能の低下がある。老化の過程で出現する現象は機能の低下を伴い，疾病にもかかりやすくなり，成体にとって有害なものばかりである。

④ **進行性**(progressiveness)

老化現象は突発性に起こるというよりは，普通のプロセスとして起こる。そして一度起こるともとには戻らない(不可逆性)。

表 4·1　老化の学説

消耗説	Weismann, A.(1882)
フリーラジカル説	Harman, D.(1956)
突然変異説	Szilard, L.(1956); Curtis, H.(1964)
ストレス学説	Selye, H.(1960)
プログラム説	Hayflick, L.(1961)
エラー破綻説	Medvedev, Z.(1961); Orgel, L.(1963)
免疫機能説	Walford, R. L.(1962)
タンパク質架橋説	Verzar, F.(1964); Kohn, R.(1971)
神経内分泌説	Dilman, V.(1965)
異常タンパク質蓄積説	Gershon, D.(1970); Cutler, R.(1975)
ミトコンドリア異常化説	Harman, D.(1972); Linnane, A.(1989)
生体膜異常化説	Nagy, I.(1978)
細胞分化異常化説	Cutler, R.(1982)

(3) 老性自覚

　老化について主観的に自覚することを「老性自覚」という。

　WHO(世界保健機関)の定義では，65歳以上を高齢者としている。しかし実際に何歳からが高齢者か？と言われると，歴年齢で判断するのは難しい。

　2010年に内閣府が発表した「高齢者の日常生活に関する意識調査」において，「一般的に高齢者とは何歳以上と思うか」という問いに対して，「70歳以上」と考えている人の割合が42.3％で最も高く，「支えられるべき高齢者」については「80歳以上」と考えている人の割合が32.4％で最も多いという結果が出ている(図4·1)，(図4·2)。

　また2004年に内閣府が発表した「年齢・加齢に対する考え方に

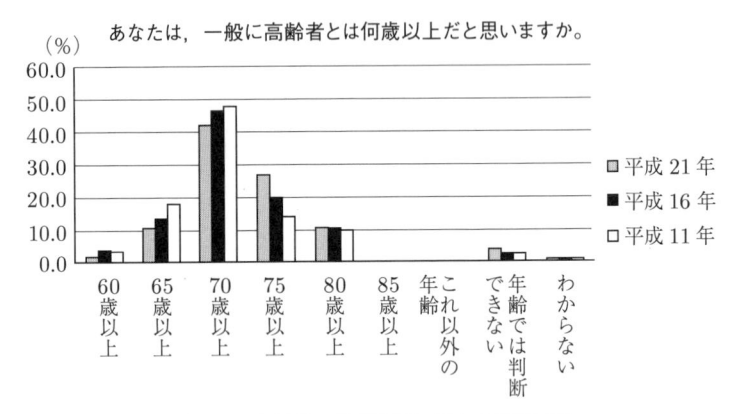

(%) あなたは，一般に高齢者とは何歳以上だと思いますか。

凡例：平成21年／平成16年／平成11年

図4・1 高齢者の日常生活に関する意識調査
出典）内閣府ホームページ(平成22年4月発表)

(%) あなたは，一般的に支えられるべき高齢者とは何歳以上だと思いますか。

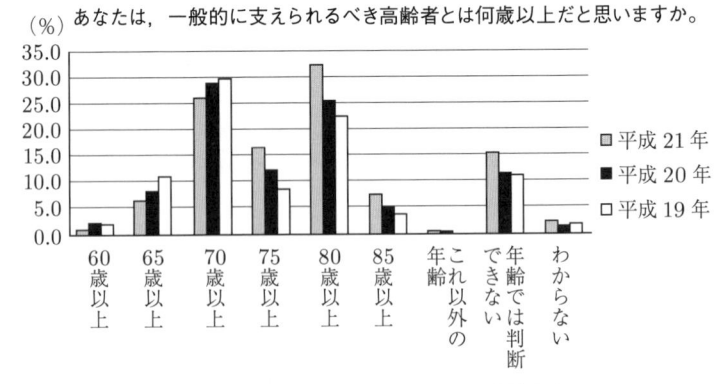

凡例：平成21年／平成20年／平成19年

図4・2 高齢者の日常生活に関する意識調査
出典）内閣府ホームページ(平成22年4月発表)

関する意識調査」において，「高齢者としての認識の有無」において，60〜64歳で22.0%，65〜74歳で55.9%，75歳以上で85.6%の人が「あてはまっている(自分を高齢者だと思う)」としているが，

4-1 老化について

高齢者としての認識の有無

(%)

- ■ あてはまっている
- ■ あてはまらない
- □ 無回答

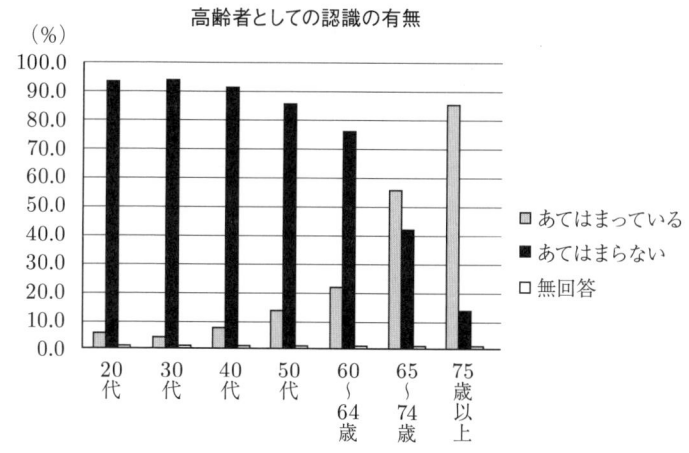

横軸：20代、30代、40代、50代、60〜64歳、65〜74歳、75歳以上

図 4·3 年齢・加齢に対する考え方に関する意識調査
出典）内閣府ホームページ（平成 16 年 6 月発表）

65〜74 歳で 42.2%，75 歳以上でも 13.3% が「あてはまらない（自分を高齢者ではないと思う）」としている（図 4·3）。

では，高齢者と感じるのは，どういうことがきっかけになるであろうか。2004 年に発表された同じ調査において，「どのような時期からが『高齢者』『お年寄り』だと思うか」について，「身体の自由がきかないと感じるようになった時期」が 39.8% と 4 割弱を占め，以下「年金を受給するようになった時期」が 23.1%，「仕事から引退し，現役の第一線を退いた時期」12.3%，「介護が必要になった時期」12.0% となっている（図 4·4）。

老化については個人差があり，老化を感じるきっかけもさまざまであろう。

```
子どもが結婚        年金を受給するよう    身体の自由がきかないと    介護が必要に
したり独立した      になった時期         感じるようになった時期    なった時期
時期 (0.4)                                                      その他 (1.0)
┌──────┬────────────┬──────┬──────────────────┬──────┐
│ 12.3 │    23.1    │ 10.4 │       39.8       │ 12.0 │
└──────┴────────────┴──────┴──────────────────┴──────┘
                                                     無回答 (0.4)
仕事から引退し，現役              子どもなどに養わ        配偶者と死別
の第一線を退いた時期              れるようになった時期    した時期 (0.5)
```

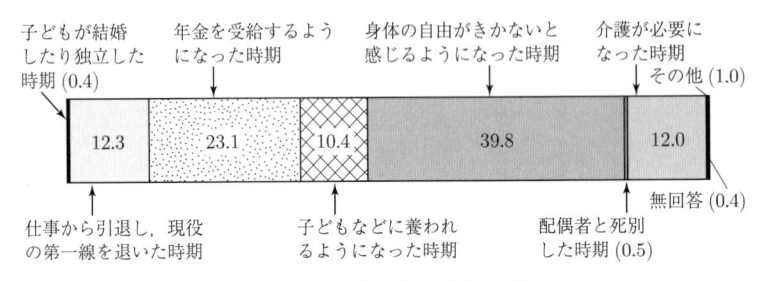

図 4·4　高齢者の定義（年齢以外）

出典）内閣府ホームページ（平成 16 年 6 月発表）

(4) 老化の理解

フロイトが，あらゆる生あるものの目指すところは死であると述べたように，人間もこの世に生を受けてから死に向かって生き続けている。人類の願いであろう不老不死は実現していない。老化は，生あるものすべてに共通して起こるものである。加齢とともに生じてくる老化現象は，できれば認めたくないという心理があるだろう。しかし，老化について目を背けるだけでなく，老化について知り，自分の身体に目を向け，うまく付き合っていくことで，有意義な老年期を過ごせるのではないだろうか。また，老化を感じない世代であっても，老化についての正しい知識を得ることは，高齢者の生活を理解することにもつながるため，高齢者との生活や，高齢者を支援する上でも重要なこととなる。

近年はサクセスフル・エイジングやプロダクティブ・エイジングなど，老化について前向きにとらえようとする考え方がある。老人力にも注目して欲しい。

4-2
加齢による変化について

(1) 身体機能

　高齢者の身体機能を考える時に，加齢により誰にでも起こる変化と，疾患により低下する機能がある。最近，メタボ(メタボリックシンドローム)が話題になり健診も行われるようになったが，生活習慣病というように，長年の生活習慣が疾患に影響している場合もあり，また加齢による変化であっても個人差が大きい。

　内臓機能は，臓器によって，加齢による変化のスピードが異なり，個人差が大きい。また疾患による影響も大きくなる。各臓器に共通して言えることは，細胞数が減少することであり，多くの臓器は委縮する。これらの変化が内臓機能の低下につながる。

　筋・骨格機能も細胞数が減少する。筋肉では，筋線維の減少と委縮がみられ，筋力が低下する。骨格については，カルシウムが減少するため，骨密度と骨量が減少し，骨粗鬆症などになりやすく，転倒による骨折が多くなる。また関節にある軟骨がすり減ったり，変形するため，痛みや動きの制限が出てしまう。

　マスターズ陸上の100歳以上の部の100mで，日本人が世界記録を樹立したニュースがあった。マスターズ陸上では，年齢が30歳から5歳ごとに104歳までの区分があり，多くの種目が行われている。また筋肉を鍛えボディビルダーとして活躍している人の話題を耳にしたこともある。介護保険でも介護予防として，身体を動かすプログラムなどが行われている。このようなことから個人差が大きい原因の一つとして，生活環境などが影響していると思われる。身体機能は加齢により変化していくが，生活習慣の改善などで，そ

のスピードを遅らせたり，鍛えることで補うことも可能である。

(2) 感覚・知覚機能

　私たちは，感覚器官を通してさまざまな情報を受け取っている。テレビを見る時は，目で画面を見て，耳で音を聞く。食事をする時は，目で確認をし，鼻でにおいを感じ，舌で味わう。またお茶碗を持つと皮膚から温度を感じる。これらの視覚，聴覚，嗅覚，味覚，皮膚感覚(五感)で受け取った情報を，脳に伝達して知覚する。私たちが生活するには，感覚器官が敏感に情報を受け取り，それを正しく判断し，その情報に合わせた行動を取ることが必要になる。これらの感覚・知覚機能には，加齢に伴うさまざまな変化があり，それらの変化は一般に低下や衰退の方向にあるため，高齢者の日常生活に影響を与えていると考えられている。では，感覚・知覚機能には，加齢によるどのような変化があるのだろうか。

a. 視　　覚

　視覚でまず思い浮かぶのが老眼であろう。呼び方や字のイメージからも老化に伴う変化であると想像がつく。老眼は正式には老視という名称である。

　眼は光を屈折させるレンズのような役割をしている。特に角膜と水晶体は光を屈折させる力の大きい部分である。物を見るためには，角膜から入った光が水晶体を通って屈折し，網膜上で焦点を結ぶ必要があり，水晶体の周りにある毛様体という筋肉が必要に応じて変化し，屈折力の調節をしている。特に近くのものを見ようとする時には，水晶体の厚みを増加させ，屈折力が大きくなるように調節している。

　老視は，加齢により，調節力が衰え，水晶体の弾力性が弱まり，

4-2 加齢による変化について

（近くのものを見るとき）

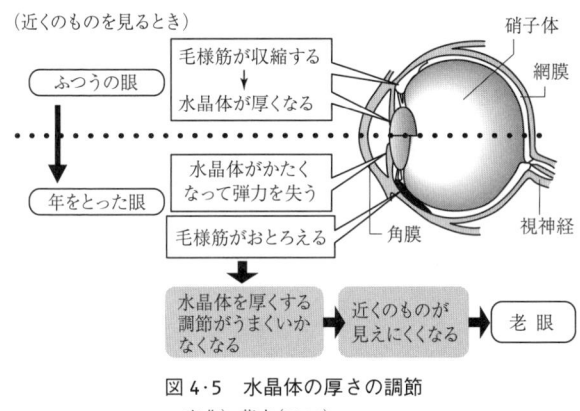

ふつうの眼 → 毛様筋が収縮する → 水晶体が厚くなる

年をとった眼 → 水晶体がかたくなって弾力を失う／毛様筋がおとろえる → 水晶体を厚くする調節がうまくいかなくなる → 近くのものが見えにくくなる → 老眼

図4・5 水晶体の厚さの調節
出典）藤本(2001)

近くを見る時に水晶体の厚みを増せなくなった状態である（図4・5）。

また，眼の調整力の衰えなどにより，物が見える範囲である視野も，加齢に伴い，狭くなると言われている。

空が青く見えたり，色とりどりの花の色が見えるのは，私たちの眼で感じている光によるものである。眼の細胞には，色を感知する錐体と，明暗を感知する桿体がある。

錐体は明るい時に働く細胞であり，可視光線とよばれる人間の眼で見える範囲の波長の光を吸収することで色を感知している。可視

表4・2 波長と色

色	波　長	色	波　長
紫外線	380 nm 以下	黄色	570〜590 nm
紫	380〜450 nm	橙色	590〜620 nm
青	450〜495 nm	赤	620〜750 nm
緑	495〜570 nm	赤外線	750 nm 以上

光線は,おおよそ 380〜780 nm で,これより長い波長を赤外線,短い波長を紫外線とよぶ(表4・2)。

加齢に伴い,水晶体が黄褐色に着色してきたり,錐体細胞の減少などがあり,鮮明ではなくなると言われているが,個人差もあり,また,長い年月をかけて徐々に変化するため,変化として感じられにくい。

その他に,眼科的な疾患として,老化と関係が深いものには,白内障,加齢黄斑変性,飛蚊症,後天性眼瞼下垂などがある。

b. 聴　覚

最近,モスキートーンという,若者にしか聞こえない不快な音が話題になった。人間の耳で聞くことができる音域(可聴周波数範囲)は,20〜20,000 Hz(ヘルツ)程度であるが,高齢になると,高い周波数の音が聞きにくくなる。この現象を利用して,高い周波数の音(モスキートーン)を出し,夜の公園などにいる若者を減らそうとした対策である。

音の基本は空気の振動(音波)である。耳から入った空気振動は鼓膜を震わせ,耳小骨から蝸牛を経て電気信号に変換される。そして電気信号となった情報は延髄と橋の境に向かい,さらに視床を経て,聴覚の情報を処理する大脳皮質の聴覚野に伝達され,ここでようやく音として認識されることになる。この聴覚野は,側頭葉の内部に入り込んだところにあり,大体,耳の少し上のあたりで,音の情報はこの聴覚野で認識される。また,左右の耳から入った音の強さや時間の差,音の方向や距離などもこの聴覚野が判断している。そして,音が言語の場合は,さらに聴覚野から言語野へと情報は送られる(高島,2006;岩田,2006,他)。

音の高低は音波の振動数で決まり,振動数が増えると音は高く,

振動数が少ないと低くなる。この音の高さを聞き分けているのが蝸牛である。蝸牛の中に基底膜という膜があり，その基底膜上に有毛細胞(神経細胞の一種)が並んでいる。基底膜は，音の周波数によって振動する場所が異なっており，手前ほど高い周波数，奥ほど低い周波数を受け持つという構造になっており，音の周波数が分析されている。そして異なった神経線維に信号を送っている。人間の可聴周波数範囲の 20～20,000 Hz より高い音は超音波とよび，直接耳で聞き取ることはできない。日常会話で使われる音は，250～3000 Hz の範囲で，最も聞きやすいとされる音は，1000～4000 Hz 付近と言われている(福永，2006；安藤 2006，他)。

加齢とともに，基底膜上に並んでいる有毛細胞が折れたり，剥がれ落ちたりして，徐々に聞こえが悪くなる。特に，高い周波数の音が聞きにくくなるのは，基底膜上に並んでいる有毛細胞で高周波を受け持つ手前ほど，入り口に近いため，消耗され，減少するためである。

高齢者に話しかける時は，高い声ではなく，低い声の方が伝わりやすい。大きい声を出そうとすると，声が高くなりがちであるため，高齢者の機能を理解し，工夫が必要である。

c. 嗅　覚

私たちの生活環境には，さまざまな物質により，においが生じている。においの種類もさまざまで，また濃度の調整も難しく，実験や測定が困難であるため，加齢にともなう変化について明確にされていない現状がある。しかし，幾つかの研究において，高齢者の嗅覚は低下するという報告がある。

鼻の粘膜には 3000 万の嗅覚細胞があり，およそ 1000 万の異なるにおいを識別していると言われている。加齢により，この粘膜に

ある嗅覚細胞が損失し，また中枢神経系の変化もあり，嗅覚が低下する。これにより，焦げ臭さ，煙やガスのにおい，食べ物の腐敗臭など，生活に必要不可欠なにおいの識別能力も低下し，生活上の危険を察知しづらくなることが考えられる。

d. 味　　覚

一般に，味覚の基本要素は，甘味，塩味，酸味，苦味の4種類であり，最近では，旨味も含め5種類とする場合もある。これらの味を感じ取っているのは，舌にある味蕾（みらい）という器官である。味蕾のほとんどは，舌面にあり，乳頭とよばれる細胞に存在している。この味蕾の数は加齢とともに減少する。さらに口腔内の変化（入れ歯など）などもあり，味覚が低下する。味覚が低下すると，味を感じづらくなり，濃い味を好むようになるため，塩分の調整など，健康面で注意が必要である。

e. 皮膚感覚

皮膚は，表皮，真皮，皮下組織の3層からなっている。真皮には，痛覚，温覚，冷覚，圧覚，触覚の5つの感覚を受け取る受容体がある。これらの感覚受容体は，皮膚に等しく分布しているのではなく，必要に応じて集中している所と，まばらな所があり，受容体が受け取った刺激は，感覚神経を通して大脳皮質に伝えられ，はじめて感覚が認識される（安藤2006，他）。

皮膚感覚についても，加齢とともに受容体の減少などにより，鈍化すると言われている。また，よく使う指先と足先を比較すると，足先の方が鈍化が早いという研究結果などもある。

身体機能と感覚・知覚機能に分けて，加齢による変化をみてきた。これらの変化には個人差があり，耳が遠くて補聴器が必要になる人

がいれば，普通の会話も全く問題がない人もいる。また，これらの変化は，すべて同時に起こるものでもなく，耳が遠くても，眼は全く問題ないという人もいる。個人差だけでなく，個人内に生じる差でも心理的な違いがあることにも注目する必要がある。

◖まとめ◗
☐ 老化については，さまざまな学説がある。
☐ 身体機能，感覚・知覚機能などに，さまざまな加齢による変化がみられる。
☐ 加齢による変化は，個人差があり，また個人内差もある。

◖より進んだ学習のための読書案内◗
長谷川和夫・長嶋紀一・遠藤英俊（編著）(2009). 『発達と老化の理解—介護の視点からみる高齢者の心理と健康—』建帛社
　☞ 介護福祉士養成の教科書シリーズの一書であり，老化について心と身体の両面から解説されている本である。

◖課題・問題◗
1. ストレーラー(Strehler, B.L.)が挙げた老化現象に共通する4つの原則とはなにか？
2. 加齢により，身体機能にはどのような変化がみられるか？

5章

高齢者の心理学的状況

高齢者の状況を心理学的側面からとらえる

◀キーワード▶
パーソナリティ，類型論，特性論，ビッグファイブ，短期記憶，長期記憶，流動性知能，結晶性知能

5-1 人　格

(1) 人格について

心理学において，「人格」はパーソナリティ(personality)の訳語として用いられるようになった。パーソナリティの語源は，ラテン語のペルソナ(persona)にある。ペルソナは，古代ローマの劇において，役者が他人を演じる時に使用していた仮面のことを指し，役者は仮面(ペルソナ)を付け替えることで，さまざまな人格を表していた。

私たちは日頃，「人格」と同じような意味合いで「性格」という言葉を使う時がある。心理学において「性格」はキャラクターの訳

語として用いられる場合が多い。

　日本の心理学においては,「人格」と「性格」は厳密に使い分けられているわけではない。これらは明確に分けられないことも多いため,現在では,人格も性格も,ともにパーソナリティと表記することが多くなっている。

　パーソナリティについては多くの理論があり,それらを大きく分けると,類型論と特性論の2つに分類される。

　類型論は,パーソナリティをいくつかの異なるタイプに分類することであり,パーソナリティを全体としてまとまりを持つものと理解している。類型論には,クレッチマーの体格理論,シェルドンの体格理論,ユングの類型論,シュナイダーの精神病理学的類型論などがある。

　特性論は,パーソナリティをいくつかの特性の集合として考える。パーソナリティの違いを量的にとらえ,主に統計的根拠をもって,すべての人に共通する複数の人格特性の総和として人格全体を表現しようとする。特性論には,オルポート(Allport, G. W.),キャッテル(Cattell, R. B.),ギルフォード(Guilford, J. P.),アイゼンク(Eysenck, H. J.)などの理論がある。

　これら多くの理論がある中で,多くの理論に共通する特性として,5つの主要なパーソナリティ特性が注目され,1980年代以降,人間のパーソナリティの基本次元として一般に認められてきた因子がビッグファイブ(Big five ; 5因子)である。この5因子は,神経症傾向(neuroticism : n),外向性(extraversion : e),経験への開放性(openness to experience : o),協調性(agreeableness : a),勤勉性(conscientiousness : c)であり,コスタとマックレイ(Costa, P. T. & McCrae, R. P.)によって,60項目のNEO Five-Factor Inventory

(NEO-FFI)と，243項目の NEO Personality Inventory-Revised (NEO-PI-R)が作成されている。これらは，日本語版としても標準化されている。

(2) 老年期と人格

　高齢者のイメージとして，温厚で優しい，知識が豊富で知恵があるなどという肯定的なものがある一方で，頑固で融通が利かない，心配性で用心深いなど，否定的なものも多い。

　人格の形成には，遺伝と環境の両方が関与している。老年期になると，多くの経験をし，環境面での個人差が大きくなると思われる。また社会的環境は，それぞれの年代で異なるので，環境面を考える場合には，それらのことも含めて考えていかなければならない。

　下仲(2005)は，これまでの老年期にかかわる諸研究の興味の方向は主に衰退的変化を実証することに向けられてきたきらいがあり，人格面においても，大方の見解は加齢とともに否定的な人格特徴が強まるといわれてきたと述べている。その背景として，サンプリング，人格の測定道具(若者で標準化された心理テスト)などの問題をあげ，さらに老年期では身体的，精神的老化の個人差が大きくなり，認知，感覚要因はもとより社会経済的要因などを統制することが難しく，人格の老化を複雑にしていることなどを指摘している。そして，老年期を特徴づけていた否定的な人格特徴は，主に横断研究からなされ，世代間差が大きくあらわれたため，示された世代差は年齢的変化を反映せず，世代間の価値意識の違い，教育，文化や社会制度の違い等がさまざまな形で人格に影響していることに注意せねばならないと述べている。

(3) 老年期の人格研究

ライチャードら(Reichard, S. et al., 1980)は，55歳から84歳までの男性を対象に調査を行い，老年期の人格について，①円熟型，②安楽椅子型，③装甲型，④憤慨型，⑤自責型の5つに類型している。

ニューガーテンら(Neugarten, B. L. et al., 1968)は，アメリカのカンザスシティ在住の高齢者を対象とした調査を行い，①再組織型，②焦点化型，③離脱型，④固執型，⑤制限型，⑥援助希求型，⑦無感動型，⑧非組織型の8つに分類している(谷口，1997)。

下仲ら(1999)は，人格の安定性と変化，生存や死を予測する自我機能と人格特徴について分析することを目的として，15年間の縦断調査を行い，70歳から85歳の高齢期にかけて人格は発達する可能性があることと，自我機能は肯定的な自己概念の維持や生存に影響を及ぼすことが示唆されたと述べている。

下仲(2007)は，前述したコスタとマックレイの5因子モデルの研究について述べている。それによると，コスタとマックレイは1980年にNEO-PI-R人格インベントリーを開発する過程において，神経症傾向，外向性，開放性の安定性をみるために35～84歳の男女(10,063人)の年齢比較を行い，1986年に高齢群が若年群より神経症傾向，外向性，開放性ともに低かったが年齢との相関は小さいため，変化は少なく安定していると報告し，1990年に5つの人格特性は児童，青年期を通して発達し，成人期(30歳位)にプラトーに達し，その後個人を特徴づける人格特性の傾向は安定しているとする仮説を主張したと述べている。そして，人格の安定性仮説は系列法や縦断法を用いた分析においても同様の結果が示され，人格の安定性が指示されたとし，コスタとマックレイ(1988)，コンリー

(Conley, J. J., 1985)，フィン(Finn, S. E., 1986)，クルガーとヘックハウゼン(Krueger, J. & Heckhausen, J., 1993)，カプララら(Caprara, G. V. et al., 1993)の研究をあげ，コスタとマックレイの人格の安定性仮説は Big five 理論が人格心理学分野で注目されている中で，スバスタバら(Srivastava, S. et al., 2003)によりプラスター(plaster：石こう)仮説といわれていると述べている。

さらに下仲(2007)は，ヘルソン(Helson, R.)，ジョーンズ(Jones, C.)，クワン(Kwan, Y. S.)が2002年に，これまでの人格変化に関する研究をまとめた結果について，人格は成人期以降も変化し，その変化は多彩(必ずしも上昇か下降かの直線ではない)であり，人生の各時期により，変化は異なる上に男女での人格変化も異なることが得られたと述べている。そして，ヘルソンらは，コスタとマックレイのプラスター仮説に対して，人格には加齢による変化(人格の可塑性)があるとする見解を主張していると述べ，人格の安定性か変化かの相対立する論争の最中，高齢期を対象にして短期，長期にわたる縦断研究の成果が1990年代から2000年初期にかけて報告され，人格特徴は5因子特性に限らないが，高齢期においても変化が起こる可能性が示唆されていると述べている。

5-2 記　憶

(1) 記憶の過程

記憶とは，過去に経験したことを必要に応じて思い出せるよう保持することである。

記憶の過程には，「記銘(符号化)」「保持(貯蔵)」「想起(検索)」

という3つの段階がある。何かを経験した時に、まずその情報を覚え込むのが「記銘」である。そして、その情報を維持するのが「保持」であり、その情報を後で思い出すのが「想起」である。

加齢による物忘れは、「想起」が上手くいかないために生じていると考えられている。

記憶については、心理学の分野で、古くから多くの研究がある。1968年にアトキンソンとシフリン(Atkinson, R. C. & Shiffrin, R. M.)が「短期記憶(short-term memory)」と「長期記憶(long-term memory)」という2つの異なる記憶モデルを提唱した。

短期記憶では、一時的に小さな容量の情報を短時間だけ保持する。電話をかける時に、相手先の電話番号を覚えるなどの記憶である。電話をかけた後には忘れてしまうが、電話番号を何度も繰り返すなど、忘れないように留める(精緻化リハーサル)ようにすることで、長期記憶に転送される。長期記憶は、長期間保持される記憶であり、その保持できる情報量は膨大である。

では、記憶の流れとともに記憶の分類をみていきたい。

(2) 記憶の分類

耳や目など、5感を通して入って来た情報は、まず「感覚記憶」で、約1秒程度保持されるが、意識に上がることはなく、ほとんどの情報はそのまま消失してしまう。感覚記憶の情報の中で、注意を向けられた情報のみが短期記憶の「ワーキングメモリ」に入ってくることで、情報が処理され、1分程度保持される。そのまま使わなければ、消失してしまうが、精緻化リハーサルによって、長期記憶に転送される(図5·1)。

長期記憶には、「回想記憶」と「展望的記憶」があり、またその

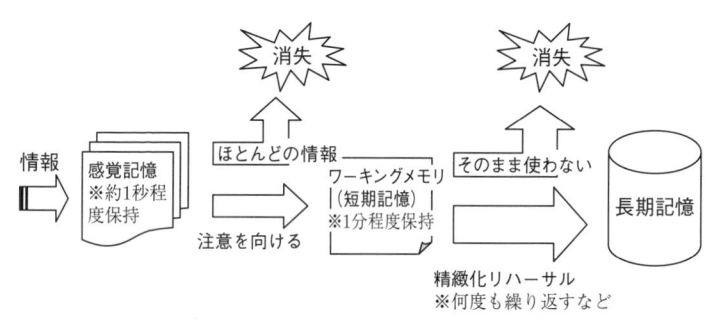

図 5·1　情報の流れ

保持期間の長さによって,「近時記憶(数週間以内の記憶)」と「遠隔記憶(何十年も覚えている記憶)」がある。

回想記憶には,「宣言的記憶」と「手続き記憶」がある。「宣言的記憶」は言葉によって記憶されるもので,「意味記憶」と「エピソード記憶」がある。「意味記憶」は一般的な知識として保持された記憶であり,「エピソード記憶」は,過去の出来事として保持され

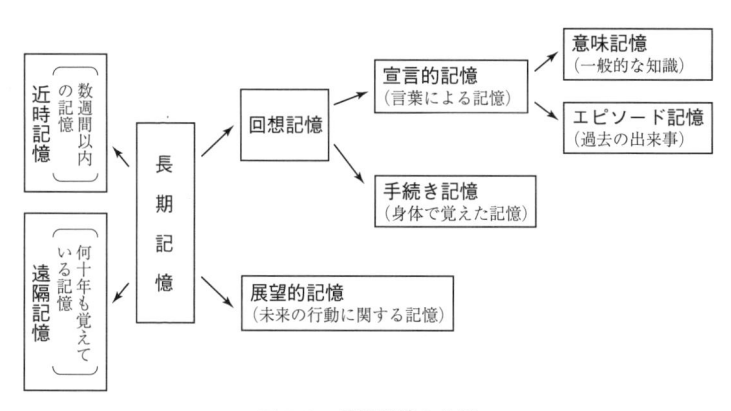

図 5·2　長期記憶の分類

た記憶である。「手続き記憶」は，言葉によるものではない，身体で覚えたような記憶である。子どもの頃に，転びながら何度も自転車に乗る練習をして乗れるようになると，しばらく乗らずにいても自然と自転車に乗れるのは，この手続き記憶のおかげである。

展望的記憶は，未来の行動に関する記憶である。今日の夕飯はラーメンにしようとか，水曜日の1限は老年心理学の講義を受けるなど，スケジュールのような記憶である（図5・2）。

(3) 高齢者と記憶

高齢になると物忘れが多くなるなど，記憶力が衰えるようなイメージが強いと思われる。しかし，記憶によっては衰えないものもある（表5・1）。

物忘れは，エピソード記憶の衰えによる訴えであることが多い。

意味記憶は一般的知識であるため，加齢の影響は少ない。

手続き記憶は高齢になっても保持されている。「昔取った杵柄」という言葉があるように，身に付けた技能は衰えないものである。この手続き記憶は，記憶に障害の出る認知症患者でも保持される。重度の認知症患者がデイサービスで上手に雑巾を縫ったりする。またお手玉やメンコなど，子どもの頃に親しんだ遊びも楽しめるのである。

認知症の記憶障害について，稲垣(2006)は，障害されにくい記憶として，一般に認知症における記憶障害は，近時記憶における障害が中心で，即時記憶や遠隔記憶は，認知症の初期ではほとんど障害されないことが多くの研究で報告されていると述べている。そして，最近の出来事はほとんど忘れられているのに，病気になる以前の昔の思い出や出来事（遠隔記憶）は比較的よく記憶されていると述

表 5・1　記憶の種類と加齢の影響

種　類	内　容	加齢の影響
短期記憶	数秒から数分の間覚えておく記憶	ほとんど加齢の影響なし
ワーキングメモリ	短い時間，あることを記憶に留めておくと同時に，認知的な作業を頭の中で行う記憶―例えば，「5-4-3-2」という4個の数字を聞いたら，「2-3-4-5」と逆の順に答える（数の逆唱）。	加齢の影響が顕著に見られる
エピソード記憶	ある特定の時間と場所での個人にまつわる出来事の記憶―例えば，朝食で何を食べたか，昨日どこへ行ったか。	加齢の影響が顕著に見られる（成人期の比較的早い時期から徐々に衰退）
意味記憶	誰でもが知っている知識についての記憶―例えば，消防自動車は赤色，日本の首都は東京である。	加齢の影響は（ほとんど）ない
手続き記憶	学習された運動技能の記憶―例えば，自転車に乗る，スポーツの技能。	加齢の影響がなく，維持される
展望的記憶	将来に関する記憶―例えば，友人と会う約束の時間や場所，特定の時刻に薬を飲む。	加齢の影響が見られるようであるが，詳細は時期尚早

出典）太田（2006）

べ，認知症が中等度以上に重くなると障害が現れはじめ，現在に近い記憶ほど障害が見られるようになると述べている。

　高齢者の話を傾聴していると，遠隔記憶である昔の思い出がよく語られる。黒川（2006a）は，回想法について，「回想法は，『クライエントが，受容的，共感的，支持的な良き聞き手とともに心を響かせあいながら過去の来し方を自由に振り返ることで，過去の未解決

の葛藤に折り合いをつけ、そのクライエントなりに人格の統合をはかる技法』といえよう」と述べている。

　老年期は、人生を完結する重要な時期である。エリクソンの発達段階の老年期の課題は統合であった。高齢者の昔の思い出（遠隔記憶）を傾聴し、これまでの人生を振り返り、人生を受け入れ、統合に向かうように援助を行うことが心理臨床での関わりに重要であろう。

5-3 知　　能

(1) 知能について

　"知能"という言葉を聞いた時に何を想像するだろうか。IQ（知能指数）のことと思う人もいるであろう。では知能＝IQ だろうか。答えは NO である。知能テストが普及し、IQ という言葉も日常的によく耳にする言葉となった。IQ とは、知能テストの結果を表すための数値である。あるテストで図った、そのテストを行った時の能力（知能）だけの数値なのである。知能テストは、そのテストの作成者が考える知能の定義を元に作成されている。よってそのテストの作成者の理論を把握し、何の能力を測定しているのかを理解してからテストを行わなければならない。またテストですべての知能を図ることは不可能である。

　では知能とは何か。人間には多くの能力があり、まだ解明されていない部分も多くある。知能の本質は何かということについては、いろいろな学説があり、一つの定義によって明確にするのは難しい。

　松原（2002）はフリーマン（Freeman, F. S.）の分類として、①適応

能力，②学習能力，③抽象的思考力説の3つをあげ，フリーマンは，これら3つの範疇は，互いに個別に存在するものでないことを断っており，いずれにしても，知能は，適応力とか思考力とかの生得的な基本能力が個人の知的活動を支配するものだという点では，多くの学者が一致している。そこで，知能とは「知的場面において，問題を効果的に解決していく能力である」と定義されてよいであろうと述べている。

(2) 知能の変化と発達

知能は，幼児期から青年期にかけて急激に増加し，20歳頃にピークをむかえるというデータがあるが，これは知能テストの得点の推移に基づいている。しかし，幅広い知的能力の中には，年齢とともにさらに後まで伸びていくものもある。

知能の構造については多くの理論があるが，キャッテル(Cattell, R. B.)は，「流動性知能」と「結晶性知能」という2つの共通因子からなると考えた。

「流動性知能」は学習に伴う知能であり，新しい場面に適応する際に働く能力で，大脳の生理的な面との結びつきが強いと考えられている。具体的には，単純な記憶力や計算力など，効率性や作業のスピードなどが問われる能力である。

一方の「結晶性知能」は，経験に伴う知能であり，過去の学習経験を生活の中で活用し，生かしてきたことから得られた判断力や習慣である。具体的には言語能力や判断能力など作業の質が問われる能力である。

ホーン(Horn, J. L., 1970)は，「流動性知能」と「結晶性知能」の発達モデルとして，「結晶性知能」は発達し続けることを示してい

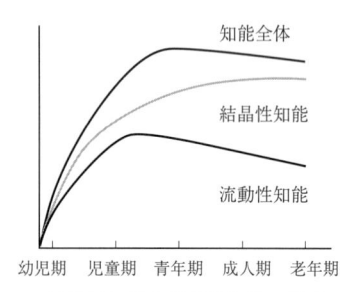

図 5·3 流動性知能と結晶性知能の発達モデル
出典) Horn(1970)

る(図 5·3)。

中里と下仲(1990)はウェクスラー成人知能検査(Wechsler Adult Intelligence Scale : WAIS)の下位検査の中で,結晶性知能と流動性知能を測定できるように,言語性検査から一般的理解と単語問題を,動作性検査から積み木問題と組み合わせ問題を用いて,72歳から74歳の年齢の男性41名,女性33名の合計74名を3年間に前後2回追跡調査している。その結果,動作性得点では有意な低下が示されたが,言語性得点では有意な変化が認められなかった(図 5·4)。下仲(1997)は,この結果について,平均で73歳から76歳に相当する3年間の変化であり,70代前半の老年期前期と後期のほぼ境界に相当する比較的若い年齢範囲での結果ではあるが,流動性知能を示す動作性検査では明らかな低下が示されるのに対し,結晶性知能を示す言語性検査では能力の維持が示されるという,知能の2つの側面での加齢変化の違いの典型例を示していると述べている。

さらに下仲(2007)は,東京都老人総合研究所心理学部門が73歳から83歳までの10年間の知能の縦断的変化について1992年に発表したデータを示し,結晶性知能とほぼ対応する言語性IQは10

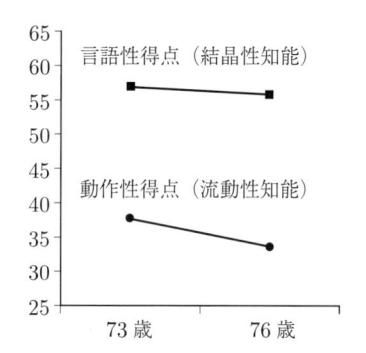

図 5・4　WAIS 短縮版での 3 年間の変化
出典）下仲(1997)

年間で低下を示さず，その一方，流動性知能とほぼ対応する動作性 IQ では低下が大きくはっきりしており，低下は有意であったと述べている（図 5・5）。

「流動性知能」は大脳の生理的な面との結びつきが強いと考えられており，加齢や脳の器質的障害の影響を受けやすいが，「結晶性知能」はこれまでに蓄積された経験を生かす能力であり，加齢の影

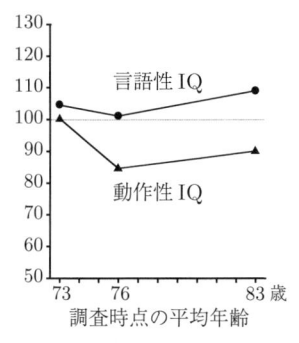

図 5・5　WAIS による 10 年間の追跡調査（東京都老人総合研究所，1992）
出典）下仲(2007)

響を受けにくいと考えられている。

◀まとめ▶

□ 老年期の人格変化を考える場合，世代間の価値意識の違い，教育，文化や社会制度の違い等がさまざまな形で人格に影響していることに注意しなければならない。

□ 高齢になっても記憶によっては衰えないものもある。意味記憶は一般的知識であるため，加齢の影響はほとんど受けない。手続き記憶は高齢になっても保持されている。

□ 幅広い知的能力の中には，年齢とともにさらに後まで伸びていくものもある。キャッテルは，「流動性知能」と「結晶性知能」という2つの共通因子からなると考えた。「流動性知能」は大脳の生理的な面との結びつきが強いと考えられており，加齢や脳の器質的障害の影響を受けやすいが，「結晶性知能」はこれまでに蓄積された経験を生かす能力であり，加齢の影響を受けにくいと考えられている。

◀より進んだ学習のための読書案内▶

太田信夫（編）（2006）．『記憶の心理学と現代社会』有斐閣
　☞いろいろな領域で行われている記憶研究について詳しく説明されている。生涯発達と記憶など，高齢者の記憶についてもわかりやすく書かれている。

下仲順子（編）（2007）．『高齢期の心理と臨床心理学』培風館
　☞多くの研究論文を取り上げ，心理学と心理臨床の立場から高齢期について解説されている専門書である。

◀課題・問題▶

1. 老年期の人格変化について研究する時にはどういうことに注意が必要か？
2. 高齢になっても衰えない記憶とは何か？
3. 加齢の影響を受けにくい知能とは何か？

6章

高齢者の生き方

高齢者の幸せな生き方とは

❨キーワード❩
サクセフル・エイジング，離脱理論，連続性理論，主観的幸福感，
プロダクティブ・エイジング

6-1
幸せな高齢者の生き方とは

　老後はどのような生活が幸せかについてアメリカで1960年から1970年代にかけて盛んに議論された。①病気や障害がないこと，②心や体が十分機能していること，③社会的生産的活動が維持されていることをサクセスフル・エイジング(successful aging)と規定し，彼らは心身が健康で社会貢献ができる人であり，具体的には独立した生活を営み，社会へ適応し，生活に積極的に参加し，人生に対処する能力があり，人生に満足していることなどがあげられている。サクセスフル・エイジングに関して当初このような活動理論が主張されたが，その後，対立的な説が主張された。

6-2 サクセスフル・エイジングに対する諸論

(1) 活動理論

　サクセスフル・エイジングについて，ハヴィガーストとアルブレヒト(Havigurst, R. J. & Albrecht, R.)らが提唱した当初は，主として社会との関係をどのように保つかが中心に議論された。従来，暗黙のうちに引退しても社会との関係を維持した方がいいとする活動理論が優勢であった。この理論に基づけば，特別な変化がなければ，高年期も中年期と同様に活動することが望ましい，これまで通り社会で元気に働き続けることが高齢者の幸せに結びつくとするものであった。活動理論によれば，高齢者は働く意欲があるものでさえ社会からの撤退をせまられているが，働くことにより社会と接点を持って生を充実できるというものである。

(2) 離脱理論

　活動理論に対し，カミングとヘンリー(Cumming, E. & Henry, W. H.)などにより高齢者は加齢にともない，心身ともに衰えていくので社会から離脱するのが望ましいとする離脱理論が提唱された。高齢者の衰えは発達的にみて生理学的なもので自然であり，高齢者自身も社会も離脱を望んでいるという説である。

(3) 連続性理論

　一方，1970年代になって，ニューガーテン(Neugarten, B. L.)らは連続性を提唱した。彼らは，社会から離脱した人よりも離脱しない人の方が適応力があり，満足度が高いという結果を得ているもの

の，一概にそのようには言い切れず，社会からの離脱と満足感には多様性があり，人格的な要素が大きいことを示唆した。すなわち幸せな老年期は，社会で活動し続けるか，離脱するかの二者択一的な議論ではなく，各個人が自己の価値観により選択するものである，という結論である。確かに高齢者の生き方を社会との関連でとらえる視点はひとつの見方ではあるが，それだけに限定する考え方は単純である。高齢者の生き方は多様であり，そのどちらにも入らない生き方もある。例えば，ボランティアや地域活動に生きる人は社会と接点はあるが，生産的な意味における社会との接点とは違う。元気で学習を続けている人もいる。孫を育てている人もいる。つまり若い世代が年齢によりほぼ共通した生活のパターンがあるのに反して高齢者の生活は多様である。さらに連続性理論では高齢になっても行動や生活パターンは継続される傾向だとされ，適応のあり方は，個人の生活習慣や価値観によって違うと結論づけられ，よりよく生きられたということは一定の方向を決めつけられるものではない。つまりサクセスフル・エイジングは各個人の幸福感に依るというやや当然な結論となった。そして，それを主観的幸福感(subjective well-being)という言葉で表現した。その際，人格的要素はどのような人生を選択するかについての重要な要素となる。

6-3 主観的幸福感

(1) 主観的幸福感とは何か

サクセスフル・エイジングを規定する要因は多様である。年齢・性別，社会経済状態，結婚しているか否か，家庭生活の状況，心身

の健康状態，就労状況，近隣，友人関係，地域社会活動など多様な要因が関連している。また高齢期は一般的に引き算の人生とも言われ，家族，親戚縁者，友人の死，自己の健康，経済，仕事などを喪失する時期でもあり，敗北感や無力感を持ちやすい。同時にこれまでの人生とは違った新たな価値を見いだし，人生の意義を見いだす。その過程は独自であり，各個人の内面に関わり自分自身が納得するものである。個人がこれでいいと意識された時に主観的幸福感が得られる。「加齢そのものが必ずしも幸福感を減少させるのではなく加齢に伴って生ずる種々のマイナス，例えば病気，社会からの引退を強制させられることが主観的幸福感に影響すると考えられるが，またそれらを克服できた時に主観的な幸福感を得ることもできるのである」と佐藤は述べている(谷口・佐藤，2007)。また高齢期を喪失の時期と考えるのは，それまでのライフステージに得たものを失うという意味で，高齢期を過去との対比で言っていることであり，高齢期独自のあり方を述べていない，高齢期にはそこでしかないアイデンティティがあり価値があるのだ，という見解もある。

サクセスフル・エイジングを追求し，議論した結果，幸せな老後は個人の価値観，人生観などに関わり，一般的な議論では規定することができず，さらに生活する社会・文化において種々の価値観が存在する中で個人的な評価により主観的に決まるものであり，生きがいともむすびついているという結論に至った。

そこで心理学領域では主観的幸福感を測定する研究が多くなされた。研究結果の多くは，加齢は自然であるが，対人関係を豊かに保ち，社会参加を積極的にしていく中で主観的幸福感は高くなる，人は社会的な関連を持つことにより，真の幸せを感じるという結論に至っている。

(2) 主観的幸福感尺度

心理学では、これまでにサクセスフル・エイジングを実証的にとらえるために主観的幸福感を定義し、種々の測定尺度を開発してきた。特にロートン(Lawton, M. P., 1975)の開発したPGCモラールスケールはもっとも頻繁に使用される尺度である。高齢者が人生における肯定的な面をどの程度把握しているかについて見るテストである。

a. PGCモラール・スケール(表6·1)

全17項目で0か1の2件法で、0から34点までの範囲をとる。心理的動揺(6項目)、老いに対する態度(5項目)、不満足感(4項目)の3因子構造を抽出している。3,5項目はモラール項目ではないのでは除かれている。

ロートンは、高齢期の適応観を以下のように示している(谷口・佐藤, 2007)

① 精神医学的症候が存在しないこと
② 楽天的思考
③ 現在の状態を受容していること
④ 加齢とともに環境が悪くなるという認識をもっていないこと
⑤ 高齢者に対する画一的な考え方の拒否
⑥ 環境をプラスに評価すること

b. 生活満足度尺度(表6·2)

古谷野らが作成した、人生全体についての満足感(4項目)、心理的安定(3項目)、老いについての評価(2項目)の全9項目である。2件法の選択肢(0点か1点を配点)で0点から9点までの得点範囲をとる。3因子が安定しており、PGCモラールとの有意な相関がある。

表6・1 PGCモラール・スケールの項目内容と因子帰属

	項目内容	因子帰属
1*	あなたは自分の人生は年をとるにしたがって，だんだん悪くなってゆくと感じますか	老いに対する態度
2	あなたは現在去年と同じくらい元気があると思っていますか	老いに対する態度
3*	さびしいと感じることがありますか	―
4*	ここ1年くらい小さなことを気にするようになったと思いますか	心理的動揺
5	家族や親戚や友人との行き来に満足していますか	―
6*	年をとって前よりも役に立たなくなったと思いますか	老いに対する態度
7*	心配だったり，気になったりしてねむれないことがありますか	心理的動揺
8	年をとるということは若い時に考えていたより，よいと思いますか	老いに対する態度
9*	生きていても仕方がないと思うことがありますか	不満足感
10	若い時とくらべて，今の方が幸せだと思いますか	老いに対する態度
11*	悲しいことがたくさんあると感じますか	不満足感
12*	不安に思うことがたくさんありますか	心理的動揺
13*	前よりも腹を立てる回数が多くなったと思いますか	心理的動揺
14*	生きることは大変きびしいと思いますか	不満足感
15	今の生活に満足していますか	不満足感
16*	物ごとをいつも深刻にうけとめる方ですか	心理的動揺
17*	心配事があるとすぐおろおろする方ですか	心理的動揺

(注1) ＊は逆転項目
(注2) 項目3と5は社会関係の側面なのでモラールの構成要素とみなされず，ここでの分析からは除外されている
出典）前田他（1989）

表6·2　生活満足度尺度の項目内容と因子帰属

	項目内容	因子帰属
1*	今の生活に不幸せなことがある	人生全体についての満足感
2	私の人生は恵まれていた	人生全体についての満足感
3	人生をふりかえってみて満足できる	人生全体についての満足感
4	人生で求めていたことを実現できた	人生全体についての満足感
5*	生きることはきびしい	心理的安定
6	物事をいつも深刻に考える	心理的安定
7*	小さなことを気にするようになった	心理的安定
8	去年と同じように元気だ	老いについての評価
9*	年をとって役に立たなくなった	老いについての評価

(注1)　＊は逆転項目
出典) 古谷野他(1989)

c. 主観的満足感の構成要素

ディーナーら(Diener, E., Suh, E. M., Lucas, R. E., & Smith, H. L., 1999)は主観的幸福感は高齢者に限らず，快感情，不快感情，人生満足度の3つの構成要素からなると整理している。高齢期になって満足できる状態は快感情を多く体験し，情緒が安定していて自分自身が満足できる状態であるといえる。快感情とは喜び，満足，自信，幸福，快感などの肯定的な感情のことである。したがって快感情自体が主観的といえる。このことからみると，主観的満足感はかなり認知的要素が強く，自分の人生や感情を積極的，肯定的にとらえる主観的判断によると思われる。

d. 主観的幸福感と人格

コスタ(Costa, T. R)とマックレイ(McCrae, R. R)はビッグファイブ(Big five；5因子モデル)の研究から高い外向性と低い神経症傾

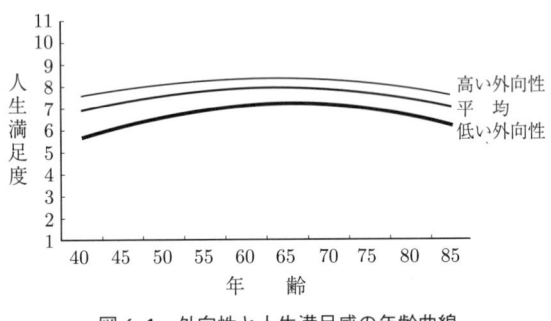

図6·1 外向性と人生満足感の年齢曲線
出典) Mroczek & Spiro (2005)

向が高い主観的幸福感をもたらすことを再確認している。下仲(2007)は中年期から高年期における外向性と主観的満足感の関係について、図6·1に示すようなムロシェクとスピロ(Mroczek, D. K. & Spiro, A. Ⅲ.)の結果を示している。これによると高い外向性は人生満足感が高く、平板で安定した曲線が示されているが、低い外向性の人はもともと人生満足感が低い。ここでも主観的な自己評価の中で高い外向性は幸福感が強く、満足度が高いことを示している。

6-4 高齢者の生きがい

(1) 高齢者は何を生きがいとしているか

生きがいを定義することは難しいが、①人に生きる価値や意味をもたらすもので、②個人によって違う主観的、内面的な幸福感で、③主体的な努力により得られる充実感である、と端的に言うことができる。

6-4 高齢者の生きがい

　佐藤は生きがいの分類を**表6・3**のように示している(谷口他,2007)。これにより抽象的な概念である生きがいがわかりやすくなっている。すなわち外在している対象に関係することによる満足,幸福感など実施過程での主観的感情,そのプロセスにおける充実感,自己実現へむけての行動,家族,友人等の対人関係から得られる主観的感情などを指すとしている。佐藤はこれらをまとめて老年期の生きがいは,長い人生での職業生活や子育て等を離れて個人としての人生の意味を実感できるような活動を行うことと定義している(谷口・佐藤,2007)。

　また神谷(1980)は生きがいについて,①生きる喜び,生きるはりあいであり,心的エネルギーであり,その対象は個人により異なり,比較を超えたものである。②主体的,自発的であり,人それぞれの固有性がある。③人がそのなかで自由にふるまえるような独自の価値観の体系をもつ,と言っている。

　高齢期になって生きがいについて考えるのは,まとまった長い時間が得られることにより,自分の人生をふりかえり,生きることの意味,価値などを考えるようになるからであろう。残された時間を有意義にかつ楽しくすごすことが生きがいになる。したがって余暇をどのようにすごすかはその重要な内容となる。**表6・4**は生きが

表6・3　生きがいの分類

分　類	内　容
対象としての生きがい	趣味,学習,ボランティア,家族など
感情としての生きがい	達成感,有用感,満足感,幸福感など
プロセスとしての生きがい	行為の過程,没頭していることなど
自己実現的生きがい	趣味,学習,ボランティアなどの行為とプロセス
対人関係的生きがい	家族との生活,子どもの成長,社交など

出典)　谷口・佐藤(2007)

表 6・4 高齢者用「生きがい感」尺度

高齢者向け生きがい感スケール(K-I式)

これはあなたの現在の気持をおたずねするものです。読んでいただいて、はい、どちらでもない、いいえのいずれかを〇でかこんで下さい。

	はい	どちらでもない	いいえ	
1. 私には家庭の内または外で役割がある	2	1	0	
2. 毎日を何となく惰性(だせい)で過ごしている	0	1	2	△
3. 私には心のよりどころ、励みとするものがある	2	1	0	
4. 何もかもむなしいと思うことがある	0	1	2	△
5. 私にはまだやりたいことがある	2	1	0	
6. 自分が向上したと思えることがある	2	1	0	
7. 私がいなければ駄目だと思うことがある	2	1	0	
8. 今の生活に張り合いを感じている	2	1	0	
9. 何のために生きているのかわからないと思うことがある	0	1	2	△
10. 私は世の中や家族のためになることをしていると思う	2	1	0	
11. 世の中がどうなっていくのか、もっと見ていきたいと思う	2	1	0	
12. 今日は何をして過ごそうかと困ることがある	0	1	2	△
13. まだ死ぬ訳にはいかないと思っている	2	1	0	
14. 他人から認められ評価されたと思えることがある	2	1	0	
15. 何かなしとげたと思えることがある	2	1	0	
16. 私は家族や他人から期待され頼りにされている	2	1	0	

△の項目は配点が逆になっている。　　　　　　　　　　合計得点　?

(16項目のため、最高点は 16×2 点=32 点となる)

判定

点数	32～28	27～24	23～17	16～13	12～0
評価	大変高い	高いほう	ふつう	低いほう	大変低い

(判定基準は老人福祉センター来所者の得点の標準偏差をもとに作成されている)

出典) 近藤・鎌田(2003)

いを尺度にしたものである。

(2) 高齢者の生活の質

　QOL(quality of life)は生活の質，生命の質，人生の質と訳される。柴田(2002)はQOLについて次のように説明している。①生活機能や行為の健全性：すなわち基本的な能力として生活機能の自立ができているか，ショッピング，金銭管理などのいわゆる手段的ADLの自立ができているか，有意義な時間の過ごし方ができるかどうか。②自分のQOLに対する自己認識があるか：健康度の自己評価の高い高齢者は長生きをし，生活機能が長く維持されることがわかっている。③生活環境：社会的ネットワークやサポートなどの人的社会的環境と乗り物，住居などの物的環境が十分かどうか。④人生や生活への満足度：主観的・情緒的に十分みたされているかどうか，などがQOLの内容である。

　QOLについて，人間のニーズの充足を重視できるか否かにかかっている，という考えかたもある。例えば，マズロー(Maslow, A. H.)の5段階欲求階層説が用いられる。5段階欲求階層説は，人の欲求は5段階に分けられ，下層から ①生存・生命の維持の生理的欲求，②安全の欲求，③愛情と所属の欲求，④承認の欲求，⑤自己実現の欲求へと分けられる。低次から高次への欲求をどのように実現していくかがQOLの目的となる。最後の自己実現の欲求とは自己の能力を十分生かして自分らしく生活していくことであり，欲求のなかでもっとも高次とされる。

　このようにQOLは一般的に使われているよりも広い概念であることがわかる。

　高齢者のQOLを考える際に，重要なことは，高齢者は次第に自

立度が低くなり，いずれ死を迎えることになるので，さまざまな援助が必要となることである。したがって支援される立場としてのQOLの尊重も重要である。木下(1989)はQOLを考えていく際に生活機能の低下に応じた6段階の枠組みを類型化し，段階的に構成している。

　　第1段階　一般的援助，快適な生活のための援助
　　第2段階　家事援助
　　第3段階　日常生活援助，ADLが低下した高齢者への援助
　　第4段階　看護
　　第5段階　医療が必要な時期
　　第6段階　終末ケア

この段階では高齢者は医療，保健，暮らしの多面からの援助が必要となる。具体的には日常生活援助，看護，医療，福祉の援助である。これらを考えるとQOLの構成要素は個人的な幸福感と同時にそれを可能とする環境の整備が含まれるといえる。

6-5 プロダクティブ・エイジング

藤田(2007)はプロダクティブ・エイジングについてバトラー(Butler, R. N.)の説を説明している。バトラーは高齢者の新たなあり方としてプロダクティブ・エイジングという考え方を提示した。プロダクティブ・エイジングは「単に物財を作り出すだけでなく，社会的関係性を作り出すことも含み，本質的な意味で社会を豊かにすることを意味している。ここで社会的関係性というのは，賃金と結び付いた労働はむろんであるが，ボランティア活動，地域活動，

6-5 プロダクティブ・エイジング

学習活動，保健活動，相互扶助活動，家事や自宅の菜園作りなどの無償労働活動を含んでおり，高齢者がこれらの活動を行うことのできる可能性を持った存在であるとみなすこと，そして，その可能性を切り開く社会システムをつくることで，高齢社会，高齢者に対してポジティブな見方をしようとするもの」である。

また藤田はカロ説を紹介している。カロ (Francis G. Caro) はプロダクティブ・エイジングとは「収入を得るかどうかに関わらず何かを作り出したり，サービスを生みだしたり，作りだすための教育を受けたりする高齢者の活動で，個人的な成長やたのしみのみの活動は含まない」，プロダクティブ・エイジングは個々人の楽しみや生きがいだけに関連した活動ではなく，個々人の楽しみと同時に「社会に貢献する活動」としている。つまり高齢者の消費的な一面ではない広い意味での生産的一面を含めるとして定義され，高齢者の存在意義や積極性を強調している。例えば若い人々にとって，高齢者は人生の先輩としての意味づけは大きく，長い人生での種々の体験を聴くことで癒されたり，元気づけられたりしている。そのような高齢者の状況はプロダクティブである。すでに長くは生きられないとわかっている高齢者が懸命に生きようとしている姿から学ぶことは多く，仮に高齢者はベッドに寝ていても価値を生み出しているとも言える。実際，高齢者の施設を訪問している若いボランティアの人々は，高齢者との関わりから人生の生き方を学び，参考にしている。

一方，高齢者はそうしたことにより，社会とつながり，社会貢献しているものと考えられる。プロダクティブにはお金ではない価値の創造という意味が含まれている。

6-6
エイジズム

(1) エイジズムとはなにか

　エイジズムはバトラーが使った言葉である。バトラー(1991)は次のように述べている。「人種差別や性差別が，皮膚の色や性別を持ってその目的を達成するように，老人差別は，年をとっているという理由で老人たちを組織的に一つの型にはめ差別をすることである。老人は年をとって思想や行動が頑固で道徳の面でも特技の面も古くさい・・・。老人差別により若年者は，老人たちを自分らと違った人間と考え，とうとう老人たちをまるで人間ではないかのごとく考えはじめる。その結果，老人差別は老人がしばしば，貧しく，社会，経済的に苦境に立たされているのを無視しやすくする。エイジズムは人々の高齢者に対する無理解，恐怖から生まれたものであり，高齢者は就労の機会を奪われたり，住宅の賃貸を拒否されたり，など具体的に不利な状態に置かれるばかりではなく，日常生活の種々の面で差別を受けたり人格を無視されたりしている。」

　日本のエイジズムに関する研究は少ないし，日本は儒教の影響があり，欧米よりも高齢者を大事にする傾向が強いと思われていた。デューク大学のパルモア(Palmore, E. B.)は，大の親日派でこれまで「日本には高齢者を敬う精神的土壌がある。欧米も見習う必要がある」と主張してきていた。そこで柴田(2002)は，1988年ころパルモアが作ったエイジズムの程度を知る質問を日本の成人に実施してみた。対象は東京近郊の30～59歳の住民男女960名である。得られた結果は**表6・5**のとおりであった。25問のうち奇数番号は間違った事実が書かれていて×が正解である。偶数番号は正しい事実

表6・5 加齢に関する知識を判定するためのパルモアの質問項目

	項　　目	解答(%)
1.	大多数の高齢者(65歳以上)には記憶喪失, 見当識障害, 認知症などの老化現象がみられる。	62.3
2.	高齢になると, 五感(視覚, 聴覚, 味覚, 触覚, 嗅覚)もすべてが衰えがちになる。	17.8
3.	ほとんどの高齢者は, 性欲がなく性的不能である。	28.6
4.	肺活量は高齢者になるとおちる傾向がある。	13.2
5.	ほとんどの高齢者は, いつも惨めさを感じている。	18.2
6.	体力は高齢になると衰える。	3.6
7.	少なくとも1割の高齢者は, 特別養護老人ホームや養護老人ホーム, 精神病院などの長期ケア施設に入所したり入院している。	47.4
8.	車を運転する高齢者が事故を起こす割合は, 65歳以下より低い。	42.0
9.	高齢労働者の効率は若い人より低い。	74.1
10.	4分の3以上の高齢者は, 日常の生活にさしつかえないほど健康である。	33.2
11.	大多数の高齢者は, 時勢の変化に順応できない。	85.4
12.	高齢者は通常, 新しいことを学ぶのに時間がかかる。	5.4
13.	平均的高齢者にとって, 新しいことを学ぶのは大変である。	21.6
14.	高齢者は, 若い人より反応が遅い。	10.8
15.	おしなべて, 高齢者は似通っている。	29.4
16.	大多数の高齢者は, めったに退屈しない。	79.8
17.	大多数の高齢者は, 社会的に孤立している。	40.2
18.	高齢労働者は, 若い労働者よりも職場で事故にあうことが少ない。	54.6
19.	今日, アメリカの総人口の1.5%以上は, 65歳以上の高齢者である。	70.6
20.	ほとんどの医療専門家は高齢者を軽視する傾向がある。	81.1
21.	大多数の高齢者の収入は, 連邦政府の規定する貧困線以下である。	32.8
22.	大多数の高齢者は, 現在働いているか, 家事やボランティアを含む何らかの仕事をしたいと思っている。	16.6
23.	高齢者は年をとるにつれて信心深くなる。	67.4
24.	大多数の高齢者はめったにいらいらしたり, 怒ったりすることがない。	81.3
25.	2000年における高齢者の健康状態と経済的地位は, 若い人と比べると, ほぼ同じか悪くなるだろう。	50.5

(注) 偶数番号は本当, 奇数番号は誤りとなる。
出典) 柴田(2002)

が書かれていて〇が正解である。日本における調査の誤回答はアメリカにおけるそれよりも多く，パルモアの「日本は欧米より高齢者を敬う傾向がある」とする思い込みは錯覚であることがこの研究で判明した。アメリカと比較して高齢者を正しく理解しているとは言えない状況である。

(2) エイジズムの原因

① 世の中の近代化：社会・経済の発展により効率性が優先され，能力主義により対応できない高齢者や障害者は切り捨てられる。社会・経済の発展にともない，文化も若者中心となり高齢者は排除された。

② 社会全体が核家族化し高齢者を含む家族が減り，世代間交流の機会が減ってきた。個人主義的考え方が主流となった。

③ 高齢者自身の問題：例えば「オレオレ詐欺」などにだまされて被害にあうなど高齢者が社会的弱者となる。高齢者のなかに障害や病気を持ち，かつ自殺者や被虐待者が多い。

④ 老人観の変化：日本に古くからあった高齢者を敬う儒教の影響がすたれ，しかもそれに代わるものがない。

⑤ 教育の場でエイジングについての正しい知識が伝えられていない。

(3) エイジズムをなくすために

① 子どもの時からの世代間交流の経験を多くするなどにより，高齢者への正しい理解を深める。高齢者と生活をともにした子どもは高齢者に理解を示すことが多い。

② 教育の場で高齢者理解のためのカリキュラムを作り，人の知

的能力は加齢によりすべてが低下するものではない。高齢になっても維持できる知的能力があり，人格も向上するなど能力全般の加齢による変化や高齢者を理解するための時間を作る。

③ 高齢者がすべて弱者でないことを示す。高齢者が介護の側にまわることも多いことを示す。高齢者自身の自助努力により，エイジズムをなくす。

④ マスコミは高齢者を見下すような発言をしない。

⑤ 高齢者の生き方を一つのモデルとして学ぶ。

すでに述べたとおり，わが国においては，人生を一つのスパンと考えて人生全体をとらえる生涯教育の概念が未発達である。すべての人がいずれ高齢者になるのだから，高齢者を正しく理解し，高齢期をどのように生きるか，そのために若い頃からどんな準備をしたらよいか，などについて教育の初期から高齢者について学ぶ必要がある。

さらに今後，高齢化はますます進むと予測されているので，生涯現役を考える高齢者には社会として就労の場を用意せねばならない。つまり若者に依存するのではなく，高齢者自らが経済的に自立できる仕組みが要求される。現在はそれらを実現させなければ社会の活性化，存続は考えられない状況にある。高齢者が多様な生き方を実現できる社会を作れれば，高齢者が貨幣価値に変えられない新しい価値の創造ができるようになり，その力は人間性回復へつながることになる。そのような目的に向かうには，当然高齢者自身も自己変革への努力が必要である。またエイジズムを払拭しようとする努力は社会を変え，個人をも変える力となるだろう。柴田(2002)は「世代間の信頼は21世紀の成功の鍵といっても過言ではありません」と述べている。

◀ま と め▶

☐ 1960-1970年代アメリカでは,老後の幸せな生き方(サクセスフル・エイジング)について主として3つの意見を中心に議論がなされたが,結果としてサクセスフル・エイジングは主観的幸福感によるとされ,パーソナリティに依存する面が強いと結論づけられた。

☐ 高齢者の生きがいについて種々の定義がなされているが,生きる喜びであり,主体的で独自の価値観とも言える。高齢者が生活に余裕ができ,残された人生を悔いなく有意義にすごすにはどうしたらよいかという観点から検討されてきたものと思われる。

☐ 生活の質(QOL : quality of life)は基本的に生活機能の自立ができているかに始まり,人生が十分満たされて生活できているかについて示す言葉である。高齢者のQOLを考える場合,支援される立場としてのQOLを考慮することも重要である。

☐ プロダクティブ・エイジングとは,高齢者の生活を貨幣価値としての生産性からみて無価値とみるのではなく,社会に貢献するという側面からみて生産的な価値を生みだしていると考える。例えば,高齢者は自分の生きざまを語ることにより青年を勇気づけ無償の価値を創出している。

☐ エイジズムとは老人差別のことであり,年をとっているということで老人たちを差別することである。老人差別により若年者は,老人たちを自分たちと違った人間と考え,老人たちを人間ではないかのように考える。その結果,老人は貧しく,社会,経済的に苦境に立たされる。日常生活の種々の面で差別を受けたり人格を無視されることもある。日本では敬老の精神がうすれてきている。

◀より進んだ学習のための読書案内▶

下仲順子(編)(2007).『高齢期の心理と臨床心理学』培風館
谷口幸一・佐藤真一(編)(2007).『エイジング心理学』北大路書房
神谷美恵子(1980).『生きがいについて』みすず書房
市川隆一郎・藤野信行(1998).『老年心理学』診断と治療社
岡村清子・長谷川倫子(1997).『テキストブック エイジングの社会学』日本評論社

佐藤眞一・大川一郎・谷口幸一（2010）．『老いとこころのケア──老年行動科学入門』ミネルヴァ書房

フリーダン，B.／山本博子・寺澤恵美子（訳）（1995）．『老いの泉（上・下）』西村書店

◀課題・問題▶

1. サクセスフル・エイジングに対する諸論について述べよ。
2. プロダクティブ・エイジングとは何か
3. 高齢者の生活の質(QOL : quality of life)について述べよ。

7章

生涯学習について

生涯学び続けるために

【キーワード】
Ⅲ期の人生の特徴，生涯学習，高齢社会対策大綱，放送大学，社会教育

7-1 生涯学習とは

　生涯学習は1965年にユネスコでポールラングラン(Paul Lengrand)が提唱したことに基づいている。彼は生涯教育を単に教育の期間を引き延ばすという意味ではなく，人生のさまざまな場面で直面する問題を教育という視点で見直すことと言っている。内容としては職業教育，芸術教育，人生教育，市民教育，体育，スポーツ活動などをあげている。1970年代にアービン・トフラー(Alvin Toffler)は「学習活動は教室のなかよりも外で，もっと活発におこなわれるようになる。年齢別編成に代わって，若者と年配者が一緒の教室で勉強するようになる。・・・・人々は一生を通じて教育を

受けるようになる」(関口, 1997)と未来を予測して言っている。

7-2 人生の区切り

すでに3章で述べたが, エリクソンは人生を8段階に分けて考えたが, それをおおまかに4期に分けて考えてみる。乳幼児期, 学童期のⅠ期(0～15歳), 青年期のⅡ期(15～25歳), 成人期のⅢ期(26～65歳), 老年期のⅣ期(66歳～)に分けられる。成人期は老年期までの間で, 26～65歳くらいまでの長い期間である。成人前期では仕事や家庭, 子育てが中心となり, 産み, 育て, 働く段階である。後期では老年期の人々をケアする世代でもある。

少子化により, 末子を出産するのが早くなり, その結果, 養育終了時の親の年齢が低下し, 結果的にⅢ期の人生が長くなった。そればかりでなく平均寿命も延びてⅣ期の人生はさらに長くなった。また経済情勢も種々の問題を含みながらも以前より進歩しており, Ⅳ段階においても比較的安定した生活を維持できるようになった。

Ⅰ期では家族の中で育ち, Ⅱ期で心身ともに家族から独立して, 自我を育て人間形成という人生の重要部分を終了し, そして寿命の延長などにより, Ⅲ期は40年の長さになった。

7-3 Ⅲ期以降の学習

人生の重要部分を経過したあとのⅢ期は前半は子育てや働くことに費やされるが, Ⅲ期の後半とそれに引き続くⅣ期の長い期間の生

き方に焦点をあてると，家族の中での生活にとどまらず，社会参加，地域参加の重要性が指摘される。これまで余生とよばれていた老年期は今や「新しい第二の人生」とよぶ方がふさわしくなってきている。そのため高齢化社会の中で後半の長い人生を有意義に過ごすためには生涯学習は重要なテーマとなった。この時期の人々の学習の目的はよりよく生きるため，が共通項として根底にある。

学習を実践する組織としては，行政，企業，自主的な団体，大学などがあり，実際には公民館，生涯学習センター，社会保健センター，保健所，大学などで実施されている。ボランティアとしての社会参加も重要な位置づけにある。

大学では，少子化のために若い学生が減ってきたことと相まって文教政策も生涯学習を重視するようになった。1980年代なかば頃より高等教育機関全体が生涯学習重視へと生涯学習化が促進されてきた。それまでわが国の大学への社会人入学は数％と推測され，アメリカ42％，イギリス32％，ドイツでは47％などに比較して社会人学生の関心はかなり低かった。しかし，この頃より従来になかった政府の生涯学習重視の姿勢が進むことになり高齢者の学習機会が広がっていった。また50, 60歳代の人々にとっては学習の目的が自分自身のためと同時に両親をはじめとする高齢者のケアのための学習が加わってきた。

7-4
Ⅳ期高年齢期の学習

長い高齢期をどのように生きるかは高齢者にとって真剣な問題である。健康で長生きするために，学習を通して気の合う仲間を作り

たい，死を受容し人間として尊厳を持って生涯を終わるためにはどのような日々をすごしたらよいか，どのような哲学や宗教が役立つかなどが高齢者の学習に対する意欲であり，これまでと違った方向で活発になってくる。

Ⅳ期でも元気な老人が増えてきて充実した生活を送ることを考え，高齢期を有意義に過ごすために大学へ行き勉強しようとする高齢者がでてきた。彼らは，体力的な問題もあるし，卒業後就職を考える者は少なく，もっと根本的に学ぶ意義をしっかり持って入学してきている。彼らにとっては，学ぶこと自体が目標であり，学習への強い意欲に駆られて入学している。時としてその姿勢は若い学生達に刺激を与えるものでもある。学ぶことの意義づけは種々あるが，よりよく生きるための学習であることが調査結果として出ている。

7-5 高齢社会対策大綱における生涯教育について

(1) 生涯教育

2001年12月に閣議決定された高齢社会対策大綱において生涯学習について次のように述べられている。「価値観が多様化する中で，学習を通じての心の豊かさや生きがいの充足の機会が求められ，経済社会の変化に対応して絶えず新たな知識や技術を習得する機会が必要とされることから，生涯のいつでも自由に学習機会を選択して学ぶことができ，その成果が適切に評価される生涯学習社会の形成をめざす」とし，生涯学習社会の形成において具体的に，概略として次のようなことが定められている。学校における多様な学習機会の確保として，①初等中等教育機関において，ボランティア活動な

ど社会奉仕体験活動等による高齢者との交流などを通じて,介護・福祉などの高齢社会に関する課題や高齢者に対する理解を深める。②大学などの高等教育機関においては,社会人に対して,社会人特別選抜の実施,夜間大学院の設置,昼夜開講制の実施,長期履修学生制度の実施,科目等履修制度の実施など教育研究資源を活用した社会人の生涯教育に対する支援の制度ができている。③再就職やキャリアアップなどに資する短期間の実践的教育プログラムの開発・普及を支援することによる社会人の学びなおしへの支援の充実も計画されている。高齢化を迎えた社会を建設的につくりあげるために学習の機会は重要な役割を果たすと思われる。

(2) 多様な学習機会の提供

多様化・高度化する国民の学習ニーズに対応するため,公民館,図書館,博物館などにおける社会教育の充実,美術館等における文化活動の推進,スポーツの振興など生涯にわたる多様な学習機会の提供を図る。勤労者が職場を離れて学習活動を行うことのできる体制を整備する。

(3) 開かれる大学

成人学習者が利用することのできる高等教育機会は,かなり広く,公開授業にはじまり,聴講,科目履修,社会人入学,通信教育などがある。また生涯学習機関として放送大学の存在は大きい。放送大学の授業内容は一般大学の授業内容と勝るとも劣らないアカデミックなものである。在籍する60歳以上の学生の数は年々上昇し,高齢者の入学理由は「勉強すること自体が好きだから」「自分のペースで学習できるから」などがあげられている。本格的に勉強しよう

とする社会人もおり,まだ少数だが彼らの学習意欲は高く,積極的に学問をしようとする社会人の中には,修士課程,博士課程への進学率も次第に増えている。

7-6
学習活動に参加している高齢者と今後の課題

(1) 学習活動に参加している高齢者

高齢者に対する学習への機会はかなり広がり,利用する人々も増えているものの,ごく一般的な60歳以上の高齢者の学習活動への参加状況について調べると,参加したいが参加していない40.2%,参加したくない42.3%である。この調査でみる限り実際に参加している人の数は少ない。何らかの学習活動に参加している者の割合は17.8%で具体的にはカルチャーセンターなどの民間団体が行う学習活動,公共機関や大学などが開催する公開講座などが多い。本格的な教育機関での勉強をするために大学,大学院へ通学している人の数は少ない(図7・1)。

若い世代との交流の機会への参加意向は,積極的に参加したいと考える者の割合は62.4%で6割をこえている。

(2) これからの高齢期教育政策に必要なこと

実際的な必要に答えてくれる教育が必要なのではないか,例えば社会福祉,高齢者福祉などの福祉関連の知識を提供してくれる学習や資産管理,年金,税金などの経済情勢に関する学習,国内外の政治経済,心身の健康など,自分たちが生活していく上で必要な福祉,経済,健康などの知識を得ることができれば,生活上の問題に対処

7-6 学習活動に参加している高齢者と今後の課題

項目	%
カルチャーセンターなどの民間団体が行う学習活動	7.6
公共機関や大学などが開催する公開講座など	4.8
公的機関が高齢者専用に設けている高齢者学習など	4.2
通信手段を用いて自宅にいながらできる学習	4.0
大学,大学院への通学	0.4
各種専門学校への通学	0.4
その他	0.4
参加したいが,参加していない	40.2
参加したくない	42.3

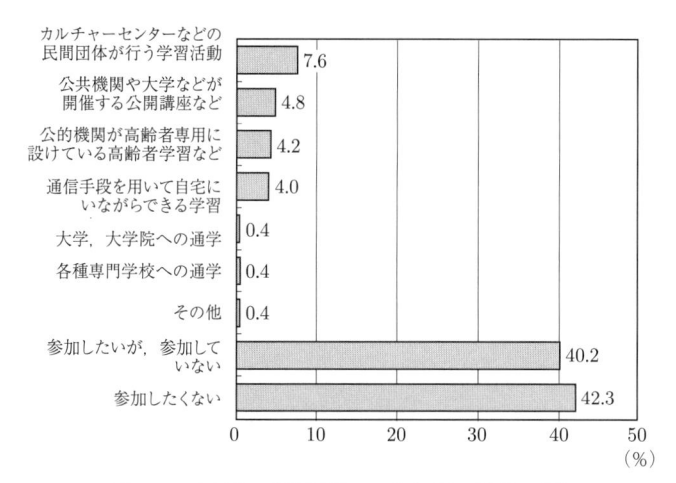

図7・1　高齢者の学習活動への参加状況(複数回答)
(注)調査対象は,全国60歳以上の男女
出典)内閣府「高齢者の地域社会への参加に関する意識調査」(平成20年)

できる能力を養うことになるだろう。学問的知識ばかりではなく,身近で実際的に役立つこのような内容も必要事項となってくる。

　一方,高齢者福祉施設に居住している高齢者に接していると,長い生活のなかで培ったしっかりとした考えや意見があり,社会や自分の人生をかなり厳しく,痛切に考えている人々がいる。しかし,制度や施策を知らないままに過ごしている高齢者が多いことに気づく。そのような高齢者に今ある制度などを知らせる必要と,自分の考えを実現したり,深めたりすることのできる気軽に参加できる場を作ることも必要でないかと考える。福祉施設で生活している人々の中でも介護の対象者として考えるばかりではなく,能力に応じた社会との接点や学習の機会を考えていけば施設の中での自立が可能な人もいる。

◀ まとめ ▶

□ 生涯学習はポールラングランが提唱したことに基づいているが,彼によると生涯教育は単に教育の期間を引き延ばすという意味ではなく,人生のさまざまな場面で直面する問題を教育という視点で見直すことと言っている。

□ 寿命が延びたことや少子高齢化などのために,ライフステージのIII期の後半とそれに引き続くIV期の長い期間が人生に存在するようになった。それは「新しい第二の人生」とよぶ方がふさわしく,生涯学習は後半の長い人生を有意義に過ごすための重要なテーマとなった。

□ これからの高齢期教育政策は実際的なニーズに答えてくれる教育が必要になる。例えば社会福祉,高齢者福祉などの福祉関連の知識や自分たちが生活していく上で必要な経済,健康などの知識を得ることが学問的知識と同時に必要事項となる。

◀ より進んだ学習のための読書案内 ▶

関口礼子(編)(1997).『高齢化社会への意識改革―老年学入門―』勁草書房

斎藤正彦(編)(2010).『高齢社会考―われわれはいかに生き抜くべきか―』ワールドプランニング

◀ 課題・問題 ▶

1. 生涯教育とは何か。
2. なぜ生涯教育が重要となってきたか。
3. これから求められる生涯教育の内容は何か。

8章

高齢者の就業

高齢者が働き続けるために

◀キーワード▶
高齢者の就業希望，高年齢労働力の特徴，機能年齢，ガルヘンプ尺度，キャリアカウンセリング

8-1
高齢者の就業の現状

(1) 高齢者の最近の就業希望

高齢者の最近の就業希望をみると60歳を過ぎても働く高齢者，働きたい高齢者は多い。60歳以上の有識者に対する2008年の意識調査では，「働けるうちはいつまでも」が39.9%であり，2007年度と比較するとやや減少しているものの，依然「働きたい」と言う意識は高い。現に60歳をすぎても多くの高齢者が就業している。

高齢者の就業を考える時，働く理由として，①経済の担い手として，②社会参加としての二つが考えられるが，多くの調査結果から経済の担い手としてよりも社会参加の理由の方が高く，特に「健康

を維持したい」が最多である。男女ともに年齢が上がるにしたがい「失業している」すなわち,経済の担い手が減少し,「健康を維持したい」の割合が増加している。

(2) 高年齢の就業産業の変化と雇用

現在,高年齢者が多く就業している産業は,50歳代60歳代前半では製造業,サービス業,卸小売業などが上位だが,65歳以上になると,第1次産業の割合が高くなっている(エイジング総合研究センター,2008)。

定年退職した者の約70%が「定年後も働いていたかった」と答えている。就業の延長は大きな課題である。長寿社会で人々の健康寿命が伸張していること,少子高齢社会で労働力不足が進んでいることなどを考えると,高齢者の雇用の問題は社会全体の課題である。

8-2
職業能力と加齢にともなう心身機能の特性

(1) 加齢にともなう心身機能の特性について

井上・木村は図8・1のように加齢にともなう心身機能の特性について示している(井上・木村,1998)。これは20〜24歳の機能を円として55〜59歳時の年齢のレベルを示し,両年齢を比較することにより加齢と職業能力の関係を示しているものである。この図から次のようなことがわかる。運動調節能力は衰えるものの,全身跳躍反応やタッピング,動作反応は比較的能力を維持している。呼吸,ガス代謝,筋力も同様である。一方,字を書く速さなどの速度に関係した能力や学習能力,記憶力などの知的要素,夜勤ごとの体重回

8-2 職業能力と加齢にともなう心身機能の特性

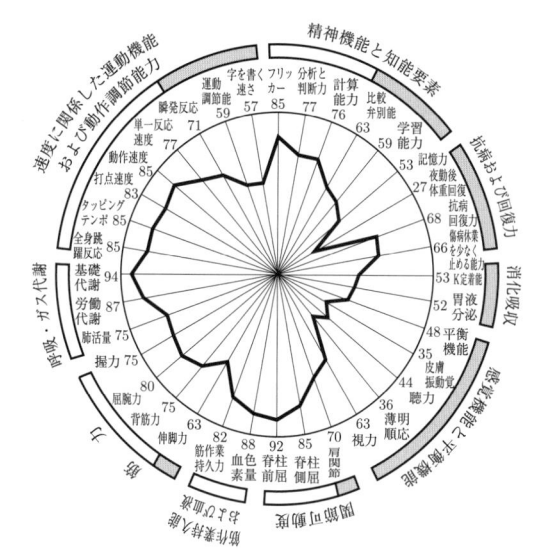

図 8·1 向老者の心身機能の特性
出典）井上・木村（1998）

復などの回復力，消化吸収能力，平衡機能，聴力，視力などの感覚機能は低下を示している。一般的に加齢とともに心身の機能は低下することは自明である。特に身体的・生理的機能の低下は著しい。

(2) 機 能 年 齢

仕事と年齢の関係で，単なる歴年齢からではなく，実際にどの程度仕事ができるかを見ようとするのが機能年齢である。機能年齢をわかりやすく見るために個人の能力を7つの要素に分け，個人が各要素についてどの程度の能力があるかを見るためにガルヘンプ（GULHEMP）尺度が作られた。これは個人，および職務の評定要素として G(general physique；総合体力)，U(upper extremities；上

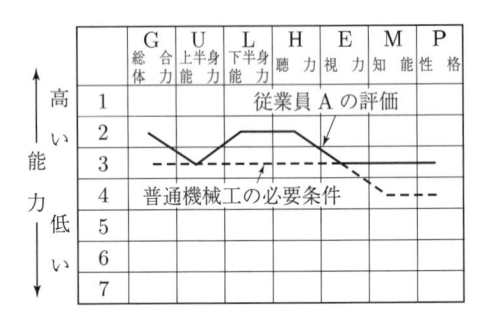

	G 総合体力	U 上半身能力	L 下半身能力	H 聴力	E 視力	M 知能	P 性格
高い 1							
2							
能力 3							
4							
低い 5							
6							
7							

図 8・2 従業員 A の適性レベルと仕事の条件
出典）井上・木村(1998)

半身能力)，L(lower extremities；下半身能力)，H(hearing；聴力)，E(eyesight；視力)，M(mentality or intelligence；知能)，P(personality；性格)の 7 つをとりあげ，個人の能力や特性，職務の諸要件をこの 7 つの要素ごとに 7 段階で評定し，両方のプロフィールを照合することによって，その適合性を判断しようとするものである（井上・木村，1998）。

ガルヘンプ尺度によると実際的な仕事がどの程度可能かがわかり，職業継続の可能性，配置転換などの参考にすることができる。適用事例としては　図 8・2 のように用いることができる。この尺度は身体的な基本的な動きなどが中心になっており，体を使う仕事を中心に考えられている。

8-3 高齢者のための就労援助

生涯現役とか，死ぬまで働きたいと考えている中高年の人々は多い。定年制は強制的に退職を実施するものだが，退職時に働く意欲

と能力を持っている人々が増えている。強制的と感じ，心の準備ができていない状態で退職した場合，その後の生活が幸せではないという研究もある。自分から主体的に職場から去ることができるのは，就業形態からみると自営業者で，年齢が高くなるほど自営業者の割合は増え，定年をすぎた年齢でも働き続け，ゆっくりと仕事から離れていくことが可能である。

近年，定年は次第に延長され2010年度からは64歳，また2013年までには65歳までの雇用が義務づけられている。しかし，現在ではこの年齢まで正規従業員としての雇用は実現されず，60～65歳までは短期雇用で継続している。つまり60歳で一度退職してから再就職という形で65歳まで雇用する形態が多い。

高齢者が長く働き続けるためには，高齢者自身の努力とともに企業や行政レベルでもその人々に対する援助が必要である。

国家的には高齢者の雇用・就業の機会確保のために，①知識，経験を活用した65歳までの雇用の確保，②中高年の再就職の援助・促進，③多様な形態による雇用・就業機会の確保，④企業の支援，⑤年齢に関わりなく働ける社会の実現にむけた取り組み等について努力しているようだが，これらの項目の実現はなされていない(内閣府，2010)。

高齢者のための就労援助として，①転職と退職準備教育を行っている企業も多い。転職の場合，一般的にこれまでの仕事を見直し，その延長にある仕事を薦めがちであるが，高齢者は新たな能力開発も可能である。これまでやらなかっただけで，やればできることも結構多いことを忘れてはならない。したがって，②高齢者にあった職域開発も重要である。さらに就労を続けるためには，③心と体の健康対策が最も重要である。④高齢者のためのキャリアカウンセリ

ング，⑤生涯生活設計教育制度なども充実させ，生きがいや人生目標など生活の質の向上につながるような雇用状況が期待される。

8-4 今後の日本の労働力

　日本の労働力の特徴は，出産・子育てで離職した女性の復職が困難なこと，増大する高年齢者に対応した仕事・就業づくりがあまり進展していないことがあげられ，就業環境に問題が多いことがわかる。少子化による日本の労働力の低下をみると今後はさらに減少することが予測される。日本人口の高齢化は21世紀中盤まで続くことが予想されており，したがって，今後は元気な高齢者(65歳以上)の直接・間接的社会活動に期待せざるを得ない。前述したように高齢者は就労を望んでいるのだから，高齢者が望んでいる就労状況を作れば，問題は解決する。高齢者にあった仕事内容，労働条件，労働環境が必要になる。一方，女性の就労も社会的に重要な目標となる。女性の職場進出は目覚ましいものとなってきたが，まだ諸外国に比較して少ない。女性が仕事しやすい環境を整えることが重要である。また性別，年齢に関係なく働きたい人が働けるようにすることが少子高齢化を迎えたわが国にとって必要不可欠なことである。職業を通して人々が自己の持てる能力を十分のばせることが高齢化社会の理想であろう。

　一方，高齢者の働く目的は若い世代と違って多様化が予想される。つまり就労が必ずしも賃金のためになされるのではなく社会貢献や生きがいのためになされる場合もある。給料は安くても社会とつながっていたい。さらにボランティア活動のように無償の労働もあり

うるということである。ボランタリーに無償で働くことが高齢者自身の生きがいになると，企業レベルの競争社会で疲弊した人々の価値観をかえるというプラスの面が予想されるが，無償の労働力が現に働いている人々を圧迫するという新たな問題に発展することも考えられる。

◀まとめ▶
❏60歳を過ぎても働きたい高齢者は多い。高齢者は，①経済の担い手として，②社会参加としての2つの目的のために就労を願っている。
❏高齢者のための就労援助について公的にも努力は続けられているが，現実的には問題は解決されていない。
❏日本の労働力の問題として女性の離職後の復職が困難なこと，高年齢者に対応した仕事・就業づくりがあまり進展していないことがあげられる。

◀より進んだ学習のための読書案内▶
市川隆一郎・藤野信行（1998）．『老年心理学』診断と治療社
エイジング総合研究センター（2008）．『少子高齢社会の基礎知識』中央法規
井上勝也・木村　周（1998）．『老年心理学』朝倉書店

◀課題・問題▶
1．高齢者の就業に対する希望とその理由を述べよ。
2．日本の労働力についての特徴を述べよ。

9章

高齢者の人間関係と社会

高齢者の対人関係

◀キーワード▶
高齢者家族の特徴,近所づきあいの特徴,社会参加の特徴,孤独死の特徴,社会とのつながりの特徴

9-1
高齢者の家族

　現代の高齢者の家族の中での一般的人間関係について統計による結果等から概略する。核家族の夫婦が子どもを育て終わり,子どもを社会に巣立たせたあと夫婦2人が残る。そして夫婦2人だけの期間が長く,老夫婦のみの家族になる。どちらかが欠ければ単身家族となる。夫婦が80歳以上の高齢になると子どもと同居を考えだすこともあり,60歳代より80歳代の方が同居率が増えてくる。2010年度版高齢社会白書(内閣府)から実際の数をみると以下のようになる。

　高齢者のいる世帯は全体の41.2%でそのうち単独,夫婦のみの

世帯が過半数を占める。高齢者のいる世帯は増え続けている。一方，三世代世帯は減少し1980年(昭和55年)は50.1%であったが，2008年(平成20年)では18.5%である。三世代同居の割合は大幅に減少している。そして高齢者夫婦の年齢が低いほど子どもとの同居率は低くなる傾向にある。一人暮らし，夫婦のみの世帯は，ともに大幅に増加し，1980年(昭和55年)にはあわせて30%弱であったものが，2008年(平成20年)には合わせて52.0%まで増加し，夫婦のみの世帯がもっとも多く29.7%を超えている。

子どもとの同居率を男女別にみると，65～69歳では男性が40.1%，女性で39.4%となっている。逆に年齢があがると80歳以上では男性が46.3%，女性が60.7%と増える傾向にある。長寿社会を迎えて高齢者のいる世帯が増えてきているのは当然であるが，三世代世帯が減り，単独，夫婦のみの世帯が半数を超えてきているのは60歳代という比較的若い高齢者家族が多く，つまり身体が健康であり，自立できる能力があれば，子ども家族と別居の方が子どもにも負担をかけず，生活が楽で快適であると考えていると読みとれる。80歳をすぎると子どもとの同居を考えるが，男女差をみると女性の方が同居率が高い。これについては種々の理由が考えられる。後で述べるように例えば女性の方が要介護度が高く，同居して子ども家族とともに生活した方がメリットが高い，などもそのひとつと考えられる。

定年すぎの65歳から80歳代のおよそ15年は夫婦のみか，一人暮らしの家族形態であり，この時は心身ともに健康で比較的自分本位の生活が可能な時期ではないかと思われる。経済的な配慮をしつつ長い人生でやり残したことができる時期とも言える。人間関係においても家族という狭い関係ではなく，社会的な活動も含めた幅広

(1) 子どもとの関係

　60歳代では子どもとの同居は減少し，さらに離れて住んでいる子どもとの関係も諸外国と比べると接触頻度が低い者が多い。2006年(平成18年)の内閣府の「高齢者の生活と意識に関する国際比較調査」によると，日本では週1回以上接触するのが46.8%で全体の半数以下であり，月1～2回以下は53.2%である。他国と比較すると週1回以上の割合は韓国が66.9%，アメリカが80.8%，ドイツが58.7%，フランスが67.2%である。これらの諸外国よりかなり低い割合である。韓国や欧米諸国では「子どもとは別居であるが頻繁に交流する」という状況が読みとれる。

　子どもや孫との付き合い方についてみると，60歳以上の高齢者の意識は，子や孫とのつき合い方は「いつも一緒に生活できるのがよい」が34.8%，「ときどき会って食事や会話をするのがよい」が42.9%である。1980年(昭和55年)では「いつも一緒に生活できるのがよい」が59.4%であり，「ときどき会って食事や会話をするのがよい」が30.1%で前者の割合が低下する一方で，後者の割合が上昇し，2005年(平成17年)には両者の割合が逆転した。子や孫とのつき合いは密度の薄いつき合い方でもよい，と考える高齢者が増えている。前述したように，60代では夫婦のみや単身の家族形態が増えており，家族の数が少なく比較的身軽な家族が多いにも関わらず，子や孫との関係は以前より希薄になっている。その原因については明らかではないが，家族であっても会う回数が増えたり，関係が密になることに対して煩わしさを感じるのだろうか。その背景には世代間の相互理解の難しさもあると推測される。

しかし，2006年(平成18年)の全国60歳以上の男女の調査(図9・1)によると家族のなかで高齢者の「心の支え」となっているのは，「子ども」と答えている人が過半数を超えており，高齢者にとって子どもはかけがえのない存在であることがわかる。

夫婦のみや単身家族は増えており，離れて住んでいる子どもや孫は会って楽しいし，心の支えと思っているが頻繁に会うことは考えず，時折会えばよいと思っている。しかし，高齢になると一緒に住むことを考えるようになる，といった状況が子どもとの関係である。成人した子どもが結婚しても同居して三世代で生活したのは過去の話であるが，成人した子どもたちとの関係が密ではない理由は明白ではない。互いに距離を保ちながら親密な関係をもつ方法が難しく煩わしい，元気なうちは自立して生活し，高齢になって生活できなくなったら一緒に住んで頼りたい，という深く情緒をともなわず，手段的な親子関係ともいうべきか，親子ともに理解しあっている結果そのような形になったとも思われる。

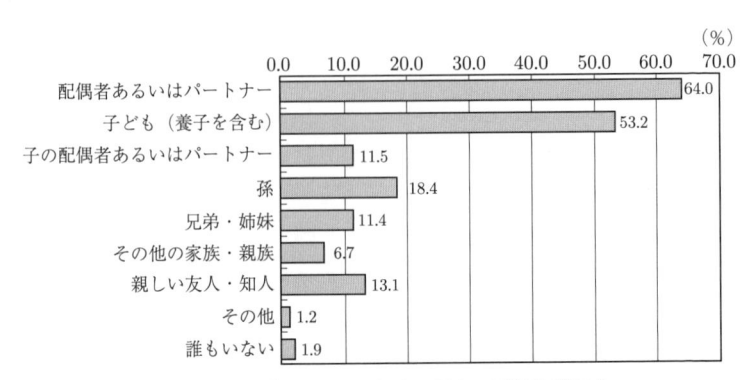

項目	%
配偶者あるいはパートナー	64.0
子ども（養子を含む）	53.2
子の配偶者あるいはパートナー	11.5
孫	18.4
兄弟・姉妹	11.4
その他の家族・親族	6.7
親しい友人・知人	13.1
その他	1.2
誰もいない	1.9

図9・1 高齢者の生活と意識に関する国際比較調査
　　　心の支えになっている人(複数回答)

出典) 内閣府(平成18年)

9-2 高齢者の近所づき合い

(1) もっとも身近な社会参加である近所の人との交流

60歳以上の高齢者の近所の人たちとの交流は「親しくつきあっている」が減少する傾向が見られる一方で,「あいさつをする程度」が増加しており,近所同士の結びつきは弱まっている(図9·2)。過去に比較して表面的なつき合いが次第に多くなってきている。深く関わりたくないという気持ちの表れだろうか。

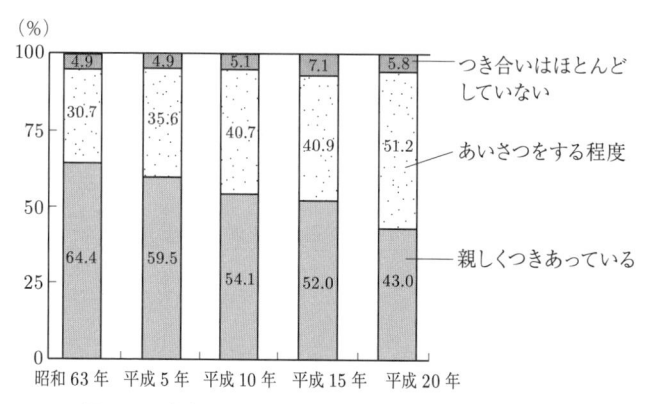

図9·2 高齢者の地域社会への参加に関する意識調査 近所の人たちとの交流

出典) 内閣府(平成20年)

(2) 近所づき合いに関する国際比較

高齢者の近所の人とのつき合い(国際比較)をみると,日本は近所の人とのつき合いが「ほとんど毎日」は1990年(平成2年)から10年経った2000年(平成12年)と比較すると15.9%から21.0%に増

えている。しかし,同年の他国をみるとアメリカ29.2%,韓国58.9%,ドイツ33.4%,スウェーデン32.5%に比べてもっとも低い。同じアジアである韓国はもっとも高く,日本と両極端である。近所とのつき合いが「ほとんどない」は2000年(平成12年)では日本が1番多く,ここでも日本の近所づき合いの少なさがわかる。また10年間を比較すると韓国を除いて各国ともに「ほとんどない」が1〜2%増えているが(スウェーデンはデータがない),全体的にみてアメリカを除いて「ほとんど毎日」が増えているところから近所とのつき合いは,ほぼ増えているものと思われる。日本は他国と比較して近所づき合いが少ない方と言える(辻・船津,2003)。

(3) 近所の人とのつき合いの仕方

日本の高齢者は近所の人とどのようなつき合い方をしているかについての国際比較からみると,**表9·1**のとおりである。2000年(平

表9·1　近所の人とのつき合いの仕方(国際比較)

	日本		アメリカ		韓国		ドイツ		スウェーデン
	H2	H12	H2	H12	H2	H12	H2	H12	H12
お茶や食事を一緒にする	30.9	32.0	29.1	32.1	46.9	62.0	35.1	42.1	54.1
趣味をともにする	26.8	25.4	22.1	18.1	21.8	24.4	11.8	18.5	15.3
相談ごとをし合う	24.3	29.2	45.4	41.3	50.8	30.0	40.5	54.4	27.2
家事など雑事を助け合う	4.6	6.5	16.6	16.5	36.9	18.0	9.2	6.5	3.7
病気の時に助け合う	13.9	9.8	53.4	38.6	33.3	21.1	21.9	25.5	16.6
物をあげたり貰ったりする	61.7	61.2	41.1	32.0	17.4	4.2	45.2	18.2	12.3
外で立ち話をする程度	48.9	53.5	37.7	38.6	42.8	48.3	47.6	52.7	80.1
その他	2.8	2.2	16.2	10.9	2.9	2.8	7.2	5.6	2.3

出典) 辻・船津(2003)

成12年)の日本人のつき合い方を順にあげると「物をあげたり貰ったりする」「外で立ち話をする程度」「お茶や食事を一緒にする」「相談ごとをし合う」「趣味をともにする」「病気の時に助け合う」「家事など雑事を助け合う」「その他」の順である。日本の「物をあげたり貰ったりする」は他国より多いが，「家事など雑事を助け合う」「病気の時に助け合う」は極端に低く，近所との助け合いなどはあまりしないことがわかり，深いつき合いはせず，比較的表面的なつき合いが多いと言える。

一方，アメリカでもっとも多いのは「相談ごとをし合う」であり，次が「病気の時に助け合う」であり，「外で立ち話をする程度」と同じ比率である。項目の中でかなり深く立ち入った内容のつき合い方をしていることがわかる。

韓国では「お茶や食事を一緒にする」がもっとも多い。次が「外で立ち話をする程度」，ドイツは「相談ごとをし合う」がもっとも多い。スウェーデンは「外で立ち話をする程度」がもっとも多く，やや希薄な関係と思われるが，次が「お茶や食事を一緒にする」が多くなっている。日本でもっとも多い，物のやりとりは他国ではあまり見られない。日本のつき合いにはお歳暮，お中元など古くからの習慣から物のやりとりの関係が多いのでそのような慣習が近所づき合いにも影響しているのかもしれない。物を介しての比較的表層のつき合いはするが，「病気の時に助けあう」や「相談ごとをし合う」「家事雑事を助け合う」などのやや相手の懐にはいりこんだつき合いは少ないといえる。このような状況は高齢者に限ったこととは考えられず，若い世代でも同様だろうと推測できる。

近所同士のつき合いを浅く済まそうとする日本人全体のあり方が伺われる。日本には「遠くの親戚よりも近くの他人」という言葉が

ある。近年そのようなつき合いを必要としなくなり，あまりお互いに入り込むことによって干渉しあうのを煩わしい，と考えるようになったのだろうか。

9-3 高齢者の社会参加活動

(1) 社会参加の状況と目標

2010年度版高齢社会白書（内閣府）によると，高齢者のグループ活動への参加は調査対象の約6割である（図9・3）。高齢者の社会参

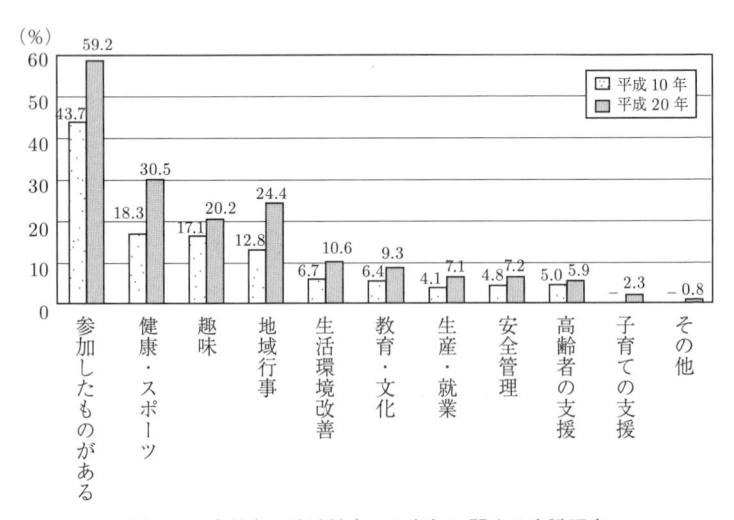

図 9・3 高齢者の地域社会への参加に関する意識調査
高齢者のグループ活動への参加状況（複数回答）

項目	平成10年	平成20年
参加したものがある	43.7	59.2
健康・スポーツ	18.3	30.5
趣味	17.1	20.2
地域行事	12.8	24.4
生活環境改善	6.7	10.6
教育・文化	6.4	9.3
生産・就業	4.1	7.1
安全管理	4.8	7.2
高齢者の支援	5.0	5.9
子育ての支援	−	2.3
その他	−	0.8

(注1) 調査対象は，全国60歳以上の男女
(注2) 「高齢者の支援」は，平成10年は「福祉・保健」とされている。
出典) 内閣府（平成20年）

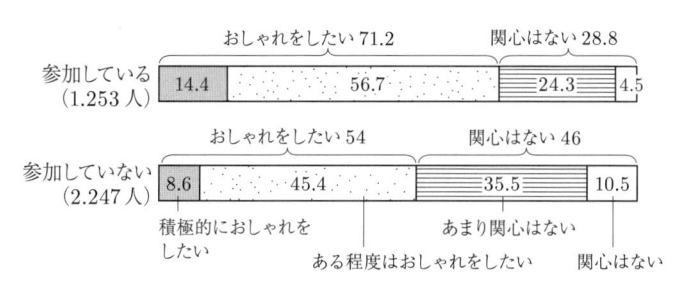

```
                     おしゃれをしたい71.2        関心はない28.8
参加している      ┌─────┬────────────┬──────┬───┐
(1,253人)         │14.4 │   56.7      │ 24.3 │4.5│
                  └─────┴────────────┴──────┴───┘
                   おしゃれをしたい54         関心はない46
参加していない    ┌────┬────────────┬──────┬─────┐
(2,247人)         │8.6 │   45.4      │ 35.5 │10.5 │
                  └────┴────────────┴──────┴─────┘
                  積極的におしゃれを       あまり関心はない
                  したい
                      ある程度はおしゃれをしたい  関心はない
```

図 9・4　高齢者の日常生活に関する意識調査　社会参加活動の有無(おしゃれへの関心度別)

(注) 調査対象は，全国 60 歳以上の男女
出典) 内閣府(平成 21 年)

加の第1の目標は健康維持のためで具体的にはスポーツである。健康の維持，増進はつねに個人にとって重要事項であり，その目的の実現のために社会参加していると言える。第2は地域行事，第3は趣味で教養をさらに広げるために知識や技術の習得，第4は生活環境改善である。10年前と比較するとどの活動も参加数は増加し，グループ活動への意欲は全体的にかなり高いと思われる。前述の調査から個人としては近所づき合いは表面的で深いつき合いはしないが，ここでの調査からグループ活動として地域の行事には参加する姿勢があることがわかる。また，何らかの活動に参加している人の方が，活動に参加していない人よりも生きがい(喜びや楽しみ)を感じている。さらにその人々は外出の機会が多く，対人関係も多いので活動に参加していない人よりもおしゃれへの関心度が高くなっている(図9・4)。

(2) ボランティア活動

2010年度版高齢社会白書(内閣府)によると，高齢者はNPO(市

民活動団体)活動に関心を持っていてボランティア的な活動への関心も深い。しかし，NPOについてはよくわからないと答えている人が多い。自分のやりたい活動を自主的に選択し，対価を求めず価値を実現していこうとする方向は高齢者の新たな自己実現の道である。ボランティアは基本的に「自発性」「無償性」「公共性」が主旨である。したがってその際の報酬は，受けるべきではないと考える高齢者が増加している。「地域活動だから，謝礼や報酬などは受けるべきではない」は46.3%ともっとも多い。ボランティア活動をしてよかったことに対して「自分自身の生きがいを得ることができた」「新たな友人や仲間ができた」「相手方から感謝された」「社会のために役立つことができた」などが上位をしめている。

そのような実際的な社会参加について報酬を受ける場合の月収は2005年(平成17年)の高齢社会NGO連絡協議会オピニオン調査によると5～10万円が約10%，5万円未満が約16%，交通費等実費が約12%，無報酬が約38%となっている(エイジング総合研究センター，2008)。

9-4
高齢者の一人暮らし

22年度内閣府(2010)によると，寿命が長くなったため，家族構成や友人，知人との関わりも種々変化してきている。65歳以上の一人暮らし高齢者は増加傾向にあり，2005年では男性約105万人，女性約281万人で高齢者人口に占める割合は男性9.7%，女性19.0%でおよそ男性の1割，女性の2割が一人暮らしとなっている。今後とも一人暮らしは増加の傾向にある。

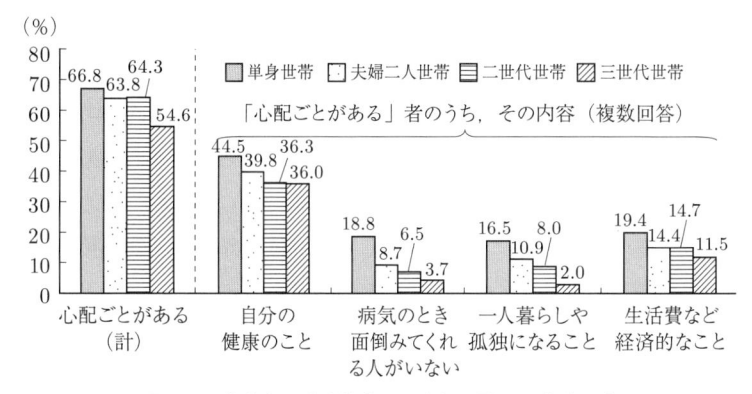

**図 9·5　高齢者の地域社会への参加に関する意識調査
同居形態別にみた心配ごとや悩みごと**

（注）調査対象は，全国 60 歳以上の男女
出典）内閣府(平成 20 年)

図 9·5 より心配ごとについて同居形態別にみると，単身世帯がもっとも多く，単身生活者の不安は三世代世帯者の1割以上高いと思われる。次に二世代世帯，夫婦二人世帯，三世代世帯の順になっている。心配ごとや悩みごとの内容ではどの世帯においても自分の健康がもっとも多く，次に多いのが生活費すなわち経済的な心配である。単身世帯だけをみると健康のこと，経済的なこと，病気のとき面倒みてくれる人がいない，一人暮らしや孤独になること，に対して心配している。人間関係のない生活では生きがい，張り合いがなく，やる気も失せてくるであろう。オレオレ詐欺といった高齢者が被害者となる犯罪も増え，巻き込まれる高齢者も多く，最近の一人暮らし高齢者の問題は地域でも見過ごすことのできない問題となってきている。テレビが唯一の慰めで寝ながら1日中テレビをみて過ごしている高齢者も多く，認知症や生活習慣病など高齢者の心身にマイナス要因となっている。デイサービス参加などの介護予

防としての対策が必要である。

高齢者の孤独死についてみると23区内における一人暮らしの65歳以上の自宅での死亡者数は2002年(平成14年)の1364人から2008年(平成20年)には2211人と1.6倍に増加している(内閣府, 2010)。

高齢者の孤立の背景には，高齢者単身世帯や高齢者夫婦世帯の増加，離婚率の上昇など家族形態が原因と考えられる面が多いが，日常生活上の便利さ，例えばコンビニの普及や一人暮らし用の種々の社会上の利便さがある。元気なうちは一人暮らしでも困ることはあまりない，という気軽さが一人暮らしを容易にさせ，老いてからの問題につながることが多いといえる。

9-5 孤立からつながり，支え合い

(1) 社会的孤立

社会的孤立とは，家族や地域社会との交流が客観的にみて著しく乏しい状態のことをいう。単身でも，家族や近隣・友人との交流がある状態は「社会的孤立」ではなく，一方，家族と同居していても，家族と日常的な交流がない上に外部の近隣・友人とも接触が乏しければ「社会的孤立」に陥る場合もある。単身世帯，未婚者・離別者，暮らしが苦しい者，健康状態がよくない者が社会的に孤立しやすい。「日頃の会話が少ない」(2～3日に1回以下)者は全体では7.9%である一方，単身世帯では3割以上である。「困ったとき頼れる人がいない」者は，全体では3.3%である一方，男性単身世帯では24.4%である。「近所とほとんど付き合いがない」者は，全体では5.9

%である一方，男性単身世帯では 21.6% である(内閣府，2010)。

(2) 閉じこもり

高齢者の中で現状では介護を必要としないが，刺激の少ない単調で受動的な生活を続けていて，このままの状態を続けていると心身ともに要介護状態へ移行すると考えられる人々を虚弱という。虚弱の人々の中に「閉じこもり」と言われる人々がいるが，彼らは「外出は週1回以下の状態」とされる。閉じこもりの概念を図9・6に示す。閉じこもりは病気ではないので外へ出ない，という状態を指し自然の生活習慣として見逃されがちである。

閉じこもりの中に寝たきりの人がいるが，寝たきりの原因は単一ではなく心理的，身体的，社会的要因が含まれる。また寝たきりになった要因について訪問看護師の60%，本人の約半数が，寝たき

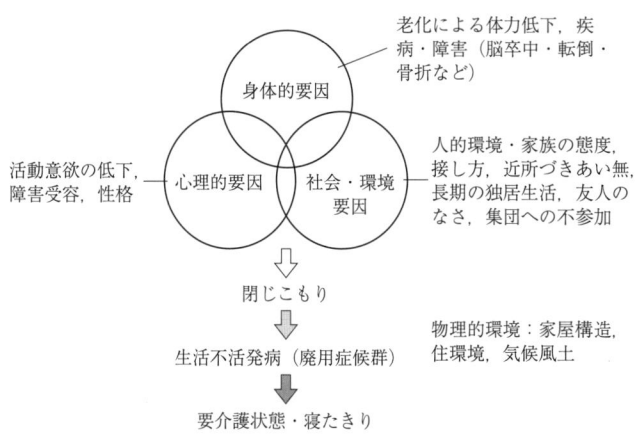

図 9・6 閉じこもり，閉じこもり症候群の構造
出典）竹内(2001)を一部改変

りは防げたと言っている。心理的要因，社会的要因，環境要因を指摘した人が多いことを示している。

また引きこもりと閉じこもりの違いについて，引きこもりは若い世代の非社会的，精神病理学的な原因に基づくが閉じこもりは，高齢者が外出しなくなり家のなかで過ごすことが多くなることを示す。

(3) 社会とのつながり，支え合い

地域社会で高齢者の孤立化を予防するための種々の試みがなされている。例えば，①高齢者の居場所づくりとして自由に出入りできてお茶を飲んだり，雑談ができる場所を設定する。②自治体で任意に実施している地域ボランティアによる一人暮らし高齢者への見守り隊など官・民が共同で実施する支え合い，③企業による給食センターが配食サービスにおける安否確認，④一人暮らしの高齢者を訪問してお話を聴くボランティアによる傾聴活動，など種々の工夫がなされている。60歳以上の人々の中には「困っている世帯に手助けしたい」と考えている人々は8割にのぼるが，実際に手伝っている人々は3割で元気な高齢者の人材育成や活用が望まれる。

(4) 臨床心理学的アプローチ

孤立化を防ぐための虚弱者への心理臨床の見地からの働きかけは可能であり，研究により種々の効果を得ているが，まだ一般化されるまでに至ってはいない。主として施設利用者を対象として施設で実施されていることが多いが，デイケアを中心として居宅サービスとして実施される場合も多い。

◀まとめ▶
□ 高齢者のいる世帯の増え続けは単独，夫婦のみの世帯が過半数を占める。三世代世帯は減少し，高齢者夫婦の年齢が低いほど子どもとの同居率は低くなる傾向にある。
□ 諸外国に比較して離れて住んでいる子どもとの接触頻度が低く，「ときどき会って食事や会話をするのがよい」が上昇し，つき合いは密度が薄くてもよい，と考える高齢者が増えている。
□ 諸外国に比較して日本では近所づき合いは少なく，「物をあげたり貰ったりする」が多く，「家事など雑事を助け合う」「病気の時に助け合う」は極端に低く，有事の時に近所との助け合いなどはあまりしないことがわかり，比較的表面的なつき合いが多いと言える。
□ 高齢者のグループ活動への参加は関心が高く，参加の第1の目標は健康維持のためで具体的にはスポーツである。NPO（市民活動団体）活動に関心を持っていてボランティア的な活動への関心も深い。
□ 65歳以上の一人暮らし高齢者は増加傾向にある。心配ごとや悩みごとの内容ではどの世帯においても自分の健康がもっとも多く，次が生活費である。単身世帯だけをみると病気のとき面倒をみてくれる人がいない，一人暮らしや孤独になることに対して心配している。
□ 高齢者の孤立の背景には，高齢者単身世帯や高齢者夫婦世帯の増加，離婚率の上昇など家族形態が原因と考えられる。また日常生活上の便利さから元気なうちは一人暮らしでも困ることはあまりない，という気軽さが一人暮らしを容易にさせ，老いてからの問題につながることが多いといえる。

◀より進んだ学習のための読書案内▶
福屋武人（編著）（2008）．『老年期の心理学』学術図書出版社
佐藤眞一・大川一郎・谷口幸一（2010）．『老いとこころのケア―老年行動科学入門』ミネルヴァ書房
エイジング総合研究センター（2008）．『少子高齢社会の基礎知識』中央法規
辻　正二・船津　衛（編著）（2003）．『エイジングの社会心理学』北樹出版

◀ 課題・問題 ▶

1. 日本人の成人した子どもや,近所の人とのつき合い方について述べよ。
2. 一人暮らしの高齢者の主たる悩みは何か。
3. 高齢者のグループ活動に関する関心について述べよ。

10章

精神的病気・不適応

老年期に気をつけたい精神的病気について

◀キーワード▶
ストレス，ライフイベント，うつ病，せん妄，妄想性障害，心気症

10-1
高齢者のストレス

「ストレス」という言葉は，現在は日常で誰もが使う言葉であり，よく耳にする言葉になっているが，元々は，工学などの分野で，外から加えられた圧力に対して使われていた言葉である。1936年にセリエ(Selye, H.)がはじめて生体の反応に対してストレスという言葉を用い，ストレス学説を発表したことにより，生理学的に用いられるようになった。また「ストレス」という言葉だけが使われているが，ストレスの原因となっているものを「ストレッサー」とよび，その結果として起こる反応を「ストレス反応」，ストレスに対する対処方法を「ストレスコーピング」とよぶ。

高齢者は，加齢により身体機能や感覚・知覚機能などに，さまざ

まな変化が生じる。関節にある軟骨がすり減ったり、変形したりして、痛みや動きの制限が出たり、耳が聞こえづらくなったりすることで、日常生活が不自由になり、ストレスとなるであろう。また、退職、子どもたちの結婚、親や配偶者の病気や介護など、環境の変化もある。さらに高齢になると、配偶者、親友など、近しい人との死別なども経験することとなる。ホームズとレイ(Holmes & Rahe, 1967)のライフイベントでは、配偶者の死を一番強いストレスとしている。

では、高齢者は実際に何に一番ストレスを感じているのだろうか。

平成22年12月に内閣府が発表した「高齢者の現状及び介護の動向分析についての調査報告」によると、悩みやストレスがあると回答した人の原因については、「自分の病気や介護」がもっとも多くなっている。この調査は、健康の良し悪しと経済状況の良し悪しを合わせて、結果を4つのグループに分けて分析しており、健康状態が悪いと経済状態が良くても悪くても悩みやストレスがあると回答する割合が70%以上になる。また、どのグループにおいても、「収入・家計・借金等」「自分の病気や介護」「家族の病気や介護」の3つが上位3項目となっている点は共通している。

悩みやストレスの相談相手については、どのグループにおいても「家族」がもっとも多くなっている。悩みやストレスがあると回答する割合が多かった健康状態が悪いグループでは、「病院・診療所の医師」が多くなっている。

直井(谷口, 1997)は、高齢者が、親族・近隣・専門家(医者やケースワーカー、訪問看護師)などから、どのような援助を期待できるかを明らかにし、またそれらがどのように相互に連携できるかを追究しているサポートネットワークの研究を挙げ、この研究による

と，サポートネットワークの最大の機能はストレス緩衝効果であると述べている。さらに，必ずしも，現実に援助を受けていなくても，「援助を受けることができる」という期待がストレスを和らげているともいい，また，「あなたの気持を理解してくれる」「心配事や悩み事の相談」など，表現は多様であるが，配偶者や子どもが心理的支えとして重要な機能を果たしているようであると述べている。

　高齢者を対象としたカウンセリングなどの研究は少ない。しかし，高齢者はカウンセリングを必要としていないのでは決してない。核家族化が進んだ現代社会では，老夫婦のみの世帯や一人暮らしの高齢者などが増加している。悩みやストレスを抱え，相談する家族が近くにいないことも考えられ，高齢者に対する心理臨床的な関わりが必要となるであろう。

10-2 うつ状態

　加齢に伴い，身体機能などに変化が生じてくると，不安などが生じやすい。また，特に女性の場合，閉経前後にホルモンのバランスが崩れ，更年期障害とよばれる症状が出現し，体調不良が続くと，うつ状態になることもある。さらに，喪失体験や環境の変化などにより，精神的な落ち込みやストレス，睡眠不足などに陥ると，うつ状態が出現する恐れもある。うつ状態が2週間以上続く場合には，うつ病が考えられる。

　うつ病は各年代で発症し，50代での発症が多いとされるが，高齢者にも多い疾患である。また高齢者の場合，自殺率も高いため，うつ状態にある時のサインに早めに気づき，対応することが重要で

ある。

大塚(谷口, 1997)は, うつ病について, 老年期では約3～5％(軽症うつ病を含む)の有病率であると述べ, 老年期では遺伝などの要素の関与はむしろ少なく, 発症には配偶者や家族との死別, 家庭内の対人葛藤, 転居, 身体疾患など環境・心理・身体要因などが関連しているとしている。さらに性格の関与も大きいと述べ, 患者の病前性格では, いわゆる執着気質の人が多いとしている。また, 近年, 発病の生化学的メカニズムには脳内アミンが関係しているとも述べ, 老年期うつ病の特徴を挙げている(表10・1)。

また, 高齢者を対象とした, うつ症状のスクリーニングテストとして, 「高齢者用うつ尺度短縮版—日本版(GDS-S-J)」(杉下・朝田, 2009)がある。

高齢者のうつ病では, うつ病性仮性認知症という, うつ病によって認知症によく似た認知障害が出現する場合もある。ただし, 認知症でも意欲低下などのうつ状態がみられるため, 注意が必要である。こうしたことからも, うつ状態がみられた時には, 早めに精神科などの専門医に受診することが必要である。精神科などへの受診には抵抗があり, 拒否的な場合には, 眠れないことを相談しようなど, 本人が苦痛に感じていることに焦点を当て, 受診に誘ってみたり, 内科などのかかりつけ医に相談し, 必要に応じて専門医に紹介して

表10・1 老年期うつ病の特徴

1. 発症に環境的・身体的・性格的要因(執着気質)が関与
2. 行動の抑制が軽いわりにうつ気分に加え, 不安・焦燥感が強い
3. 身体症状や心気的訴えが多い
4. 妄想(罪業・心気・貧困妄想)がみられる
5. 自殺の危険が高い

出典) 谷口(1997)

表 10·2　うつ病性仮性認知症の鑑別

	うつ病性仮性認知症	認知症
もの忘れの自覚	ある	少ない
深刻さ	ある	少ない
姿　勢	誇張的	取り繕い的
気分の落ち込み	ある	少ない
典型的な妄想	心気妄想	物盗られ妄想
脳画像所見	正常	異常
抗うつ薬治療	有効	無効

出典）浦上（2009）

もらうなど，注意が必要である（**表 10·2**）。

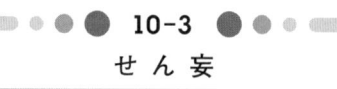

10-3　せん妄

(1) せん妄とは

せん妄は，一過性の意識障害で，しばしば興奮状態や幻覚体験を伴うことがある。なんらかの病気のために意識が混濁している状態であり，自分の居場所がわからず，その時の状況と行動が伴わず，会話もチグハグで，返事もなく，混乱状態にある。また元の状態に戻った時に，せん妄状態にあった時の記憶がないことが多い。

長谷川（2008）は，せん妄について，以下のように説明している。

「意識というのは，脳の深部になる脳幹が司っており，意識レベルが正常な状態というのは，照明がこうこうと輝いている舞台のようなもので，物事がはっきり見えて正確に判断できる。ところが，意識レベルが下がった状態では，舞台の照明は暗くなり，物事の区別がつけにくくなり判断も不正確になる。意識

レベルが最低になると,それを昏睡といい,呼びかけにまったく返答はなく,痛みを与えても反応しない。しかし,ここで問題になるのは軽い意識障害で,意識混濁と言われる時期であり,この意識混濁に興奮状態が加わって落ち着かなくなり,さらに幻覚が生じて,せん妄という状態になる。」

せん妄の主な原因は,脳梗塞などの脳の循環障害であるが,心筋梗塞,糖尿病での低血糖症,薬による影響,アルコール中毒などがあり,特に高齢者の場合,肺炎などの感染症,手術のストレス,脱水症状などでもせん妄を起こすことがある。また,入院などによる環境の変化で混乱し,異常な行動をとることもある。特に夜間に顕著になり,夜間せん妄とよばれる状態になることがある。その場合,入院中であるが,自宅にいると思うなど,混乱状態がみられ,興奮状態になるため問題行動として扱われやすい。

(2) せん妄と認知症

せん妄は見当識障害や注意力障害などの認知障害があるため,一見,認知症のようにも見えるが,せん妄と認知症は本質的には違うものである。せん妄は,意識障害があり,突然起こり,日内変動も顕著で,数時間から数日間のみにみられ,幻視を中心とした幻覚,急激な興奮や不安があるが,認知症は,意識は正常であり,緩やかに発症するため発症を特定できず,永続的で動揺性が少ないなどの違いがあるため,注意深く観察する必要がある。せん妄は一過性の意識障害であり,原因に応じた治療を行うことで回復し,元の状態に戻るため,突然,症状が現れた場合には,認知症との鑑別が重要である(**表10·3**)。

認知症患者もせん妄を起こすことがある。せん妄は何らかの新し

表 10·3 せん妄と認知症の鑑別点

	せん妄	認知症
発　症	急　性	緩　徐
日内変動	あ　り (夜間や夕方に増悪)	目立たない
経　過	数時間〜数日	持続性または緩徐進行性
主要症状	錯覚，興奮，幻覚，妄想	記憶障害
多　動	あ　り	少ない
身体疾患の合併	あ　り	な　い
環境社会要因	しばしば関与	関与少ない

出典）三森他(2007)

い病気が起こった兆候であることが多い。しかし，認知症患者がせん妄を起こした時には，症状を見極めるのが特に困難となる。急な変化があった場合には，せん妄である可能性があるので，注意深く見守り，症状の変化などを観察する必要がある。肺炎などの身体疾患，脳梗塞や転倒などによる硬膜下血腫などの脳の病変，薬の影響などが原因でせん妄を引き起こしている場合があり，せん妄の原因に応じた治療を行うことが重要である。せん妄は一過性の意識障害である。急な変化があった場合には，せん妄を考え，適切な対応をすることが大切である。

10-4 幻覚・妄想

　幻覚は知覚の異常であり，「対象なき知覚」と表現される。幻覚には，幻聴，幻視，幻嗅，幻味，体感幻覚などがある。

妄想は思考内容の異常であり，"訂正不能な"誤った思い込みである。妄想は，妄想の内容によって，誇大妄想，被害妄想，注察妄想，関係妄想，罪業妄想，貧困妄想など，さまざまなものがある。

幻覚や妄想が出現した場合，精神的な面で，何か異常があると考えられる。幻覚や妄想が出現する精神疾患には，統合失調症があるが，思春期から青年期に発症することが多く，比較的発症年齢が遅いとされる妄想型では中年期以降に発症する場合もあるが，老年期になって発症することは少ない。

高齢者に幻覚や妄想が出現する原因としては，認知症に伴うものが挙げられる。特に幻視は，レビー小体型認知症に多くみられ，小動物などの出現頻度が多く，鑑別診断の有力な情報となる。急に「シー，シー」と手で追い払う動作をし，「猫が居た」，「ネズミが居た」などという行動がみられたりする。認知症の妄想で多いのは，「物盗られ妄想」で，財布などをしまい忘れ，嫁が盗ったなどと言うことがある。

中年期以降での発症が多い精神疾患として，妄想性障害がある。認知症との違いとして，妄想性障害の場合は，妄想が主であって，服装や身だしなみなど，日常生活は正常に保たれ，妄想以外では会話内容もまとまりをもっていることが多い。DSM-IV-TRでは，優勢な妄想主題に基づいて，色情型，誇大型，嫉妬型，被害型，身体型，混合型，特定不能型に分類している（**表10·4**）。

また，うつ病などでは，貧困妄想が出現することがある。預貯金などが十分にあり，年金などの収入があるにも関わらず，お金がなく生活に困窮していると悩み，眠れなくなるなどの症状もみられることがある。

幻覚や妄想がみられた場合，精神科などの専門医に受診をし，相

表10·4　DSM-IV-TR による妄想性障害の診断基準

A. 奇異でない内容の妄想(すなわち，現実生活で起こる状況に関するもの，例えば，追跡されている，毒を盛られる，病気をうつされる，遠く離れた人に愛される，配偶者や恋人に裏切られる，病気にかかっている)が少なくとも1ヶ月間持続する。
B. 統合失調症の基準Aを満たしたことがないこと。
　　注. 妄想性障害において，妄想主題に関連したものならば幻触や幻嗅が出現してもよい。
C. 妄想またはその発展の直接的影響以外に，機能は著しく障害されておらず，行動も目立って風変わりであったり奇妙ではない。
D. 気分エピソードが妄想と同時に生じていたとしても，その持続期間の合計は，妄想の持続期間と比べて短い。
E. その障害は物質(例：乱用薬物，投薬)や一般身体疾患による直接的な生理学的作用によるものではない。
(以下の各病型は優勢な妄想主題に基づいてのものである)
色情型：妄想が他の誰か，通常社会的地位が高い人が自分と恋愛関係にあるというもの。
誇大型：妄想が，肥大した価値，権力，知識，身分，あるいは神や有名な人物との特別なつながりに関するもの。
嫉妬型：妄想が，自分の性的伴侶が不実であるというもの。
被害型：妄想が，自分(もしくは身近な誰か)がなんらかの方法で悪意をもって扱われているというもの。
身体型：妄想が，自分に何か身体的欠陥がある，あるいは自分が一般身体疾患にかかっているというもの。
混合型：妄想が上記の病型の中の2つ以上によって特徴づけられるが，どの主題も優勢ではないもの。
特定不能型

出典) 高橋他(2004)

談することが必要である。しかし，本人には病識がなく，自分が正常であり，自分のことを異常と言う方がおかしいなどと言い，受診を拒否することが多い。本人の訴えを聞くことなく，「おかしい」「病気だ」などと頭ごなしに言っても受診がさらに困難になるだけである。夜，眠れないなど，本人が困っていることに焦点をあて，

「それは辛いだろうから一緒に病院に行って先生に相談しよう」「それは心配だから一緒に相談に行こう」などと誘ってみてほしい。また「あなたの方がおかしい」と指摘された場合には，「どっちの言うことが正しいか，一緒に受診して先生に判断してもらおう」などと誘うのも一つの方法である。受診の際には，必ず同伴し，幻覚や妄想の出現する状況，内容などをメモにして持参し，受付などで説明し，その内容が医師に伝わるようにするなどの工夫が必要である。

医療機関への受診が難しい場合には，精神保健福祉法で各都道府県と政令指定都市に1か所の設置が義務づけられている，精神保健福祉センター（こころの健康センターなど，別の名称を用いている所もある）や，保健所などでも相談にのっている。

10-5 心気症

心気症とは，全身あるいは身体の一部の機能に関して過度に注意を向け，医学的には何も原因が見いだせないにも関わらず，重篤な病気にかかっているのではないかという恐怖にとらわれてしまう精神的な障害である。DSM–IV–TR では，身体表現性障害の分類に含まれている。DSM–IV–TR による診断基準を**表 10・5** に示す。

心気症の場合，医師が身体に異常がないことを説明しても納得せず，次々と別の医療機関に受診するという，いわゆるドクターショッピングが問題となる。ただし，特に高齢者の場合は実際に身体疾患に罹患していることもあるため，本人から苦痛や異常の訴えがあった場合には，まずは身体生理学的な検査を行うことも重要である。

老年期では，多くの人が配偶者の介護や死別を経験する。また同

表 10·5　DSM-IV-TR による心気症の診断基準

A. 身体症状に対するその人の誤った解釈に基づく，自分が重篤な病気にかかる恐怖，または病気にかかっているという観念へのとらわれ。
B. そのとらわれは，適切な医学的評価または保証にもかかわらず持続する。
C. 基準 A の確信は（「妄想性障害，身体型」のような）妄想的強固さがなく，（身体醜形障害のような）外見についての限られた心配に限定されていない。
D. そのとらわれは，臨床的に著しい苦痛，または社会的，職業的，またはたの重要な領域における機能の障害を引き起こしている。
E. 障害の持続期間が少なくとも6カ月である。
F. そのとらわれは，全般性不安障害，強迫性障害，パニック障害，大うつエピソード，分離不安，または他の身体表現性障害ではうまく説明されない。

出典）高橋他(2004)

年代の友人や知人などとの死別も多くなる。その死因の多くは，癌などの病気が原因であろう。自分と同年代で癌などに罹患し，お見舞いに行き，その後，死の知らせを受ける。また心筋梗塞などによる突然の死もある。病や死が身近に感じられ，自分の身体に目がいき，心身の変化に敏感になり，不安が強くなることが考えられる。

現代は情報社会ともよばれ，情報があふれている。テレビでは病気のメカニズムや危険性などを専門家が伝え，健康に良いと放送された食材が売り切れ状態になるなど，健康志向も高くなっている。健康長寿は誰しもの願いであり，自分の身体に目を向け，健康に注意することは重要であるが，過敏にならず，心の健康も保つ必要がある。高齢者の不安に耳を傾け，傾聴することで不安が軽減されることもある。心気症の治療には，専門医の治療と心理臨床的な関わりが必要であろう。

◀ ま と め ▶

☐ 加齢により，身体機能や感覚機能などの変化，環境の変化，配偶者や近親者との死別などのストレスがあり，厚生労働省の調査では，「収入・家計・借金等」「自分の病気や介護」「家族の病気や介護」の３つが上位３項目となっている。

☐ うつ病は高齢者にも多く，高齢者の場合，自殺率も高いため，うつ状態にある時のサインに気づき，対応することが重要である。

☐ せん妄は，一過性の意識障害で，しばしば興奮状態や幻覚体験を伴うことがあり，なんらかの病気のために意識がボーっとしている状態である。せん妄は，突然，起こり，日内変動も顕著である。

☐ 幻覚や妄想が出現した場合には，精神面での異常が考えられる。

☐ 心気症とは，全身あるいは身体の一部の機能に関して過度に注意を向け，医学的には何も原因が見いだせないにも関わらず，重篤な病気にかかっているのではないかという恐怖にとらわれてしまう精神的な障害である。

◀ より進んだ学習のための読書案内 ▶

上島国利・上別府圭子・平島奈津子（2007）．『知っておきたい精神医学の基礎知識―サイコロジストとコ・メディカルのために』誠信書房

　☞医療，保健，福祉の専門職に必要な精神医学の基礎知識を，コンパクトにわかりやすくまとめたガイドブック。

高橋三郎・大野　裕・染矢俊幸（訳）（2004）．『DSM-IV-TR　精神疾患の分類と診断の手引き（新訂版）』医学書院

　☞アメリカ精神医学会が発行している「精神障害の診断と統計マニュアル」のコンパクト版。精神疾患の診断基準が明記されている。

◀ 課題・問題 ▶

1. 高齢者にはどのようなストレスがあるか。
2. せん妄の状態とせん妄の特徴について述べよ。
3. 幻覚・妄想が出現する精神疾患にはどのようなものがあるか。

11章

認知症の心理

認知症を正しく理解するために

◀キーワード▶
痴呆,変性性認知症,脳血管性認知症,画像診断,スクリーニングテスト,成年後見制度

11-1
認知症の症状

(1) 認知症について

「認知症」は,かつては「痴呆」という名称であったが,厚生労働省が2004年6月に「『痴呆』に替わる用語に関する検討会」を開催し,「痴呆」の名称変更について検討を開始し,関係団体や有識者,国民からの意見募集などを行った上で,侮蔑感がなく,また,短くわかりやすい言葉として,新たに「認知症」とよぶこととしたものである。また,厚生労働省では,用語の見直しを契機として,2005年度から10年間を「認知症を知り地域をつくる10ヵ年」とし,その初年度である2005年度を「認知症を知る1年」と設定し,

多くの国民に「何もできない」「何もわからなくなる」といった認知症に対する誤解・偏見をなくし，認知症について理解してもらうためのさまざまなPR事業を中心的に実施している(厚生労働省，2005)。

現在，要介護者の2人に1人は介護や支援を必要とする認知症高齢者であり，わが国には，現在，200万人以上の認知症高齢者がいると言われており，このまま推移すると2015年には約250万人に，2025年には約320万人にまで増加すると予想している(図11・1)。また，各年代別にみると，65〜69歳の認知症の出現率は1.5%であり，年齢とともに上昇し，85歳以上となると27.3%となり，約4人に1人という高率になる(図11・2)。

認知症高齢者は増加の一途をたどっており，社会問題となっている現在においても，国を挙げて対策を講じるほど，認知症に対する理解は低く，偏見や誤解が大きいのである。

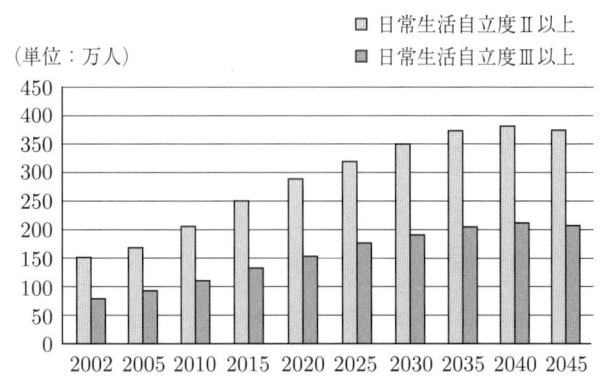

図11・1 認知症高齢者の日常生活自立度Ⅱ以上の高齢者の推計人数
出典) 厚生労働省老健局総務課推計(平成15年6月)のデータをもとに作成

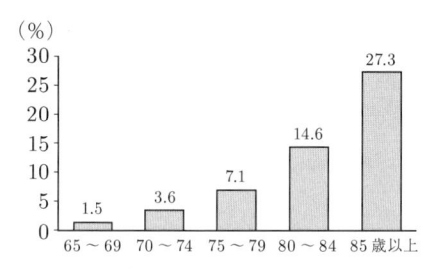

図 11・2　認知症の高齢者の年齢階層別出現率

出典）平成 4 年 2 月老計第 29 号，老健 14 号「老人保健福祉計画策定に当たっての痴呆老人の把握方法等について」より

(2) 認知症の概念

認知症は，ある「状態」に対してつけられた名称であり，それだけで 1 つの疾患をさすものではない。認知症は一般的に「後天的な脳の病気により正常に発達した知的機能が全般的かつ継続的に低下し日常生活に支障を生じた状態」と定義されている。

表 11・1　DSM-IV-TR による認知症の診断基準

A. 多彩な認知欠損の発見で，それは以下の両方により明らかにされる。
　(1) 記憶障害（新しい情報を学習したり，以前に学習した情報を想起する能力の障害）
　(2) 認知障害（以下のうち 1 つ以上）
　　a. 失語（言語の障害）
　　b. 失行（運動機能が損なわれていないにもかかわらず動作を遂行する能力の障害）
　　c. 失認（感覚機能が損なわれていないにもかかわらず対象を認識または同定できないこと）
　　d. 実行機能（すなわち，計画を立てる，組織化する，順序立てる，抽象化する）の障害
・上記認知欠損により社会的，職業的機能の著しい障害があり，病前の機能水準からの著しい低下があること。
・その欠損はせん妄の経過中にのみ現れるものではない。

出典）高橋他（2004）

ICD-10 では精神及び行動の障害の症状性を含む器質性精神障害のなかに分類されており，DSM-IV-TR でも診断基準が示されている。DSM-IV-TR の診断基準を**表 11·1** に示す。

また認知症は，発病時の年齢が 65 歳未満の場合，若年性認知症とよばれている。

(3) 認知症の病因

認知症に至る原因として多くの疾患がある(**表 11·2**)。その中で，特に問題となる疾患は，脳の変性性認知症と脳血管性認知症に大別される。脳の変性性認知症にはアルツハイマー型認知症，レビー小体型認知症，前頭側頭型認知症(ピック病)などがあり，脳血管性認知症には，脳梗塞，脳出血などによる認知症が含まれる(上島ら，2007)。

認知症の約半数がアルツハイマー型認知症(脳血管障害を伴うものを含む)であり，脳血管性認知症とレビー小体型認知症がともに15% であると言われている(山口，2010)。

アルツハイマー型認知症では脳の全般的な萎縮が見られ，脳血管性認知症では，脳の障害された部位などにより症状はさまざまであるが，特に前頭葉の働きの低下が問題となる。前頭葉は，「知性の座」ともよばれており，将来への展望・計画，自分の行動・感情のコントロール，判断力・決断力，他人の心の理解，知性を束ねる自我，人間性の形成などの社会に生きる人間として重要な働きを担っており；意志・思考・創造性など高次精神機能と関連している。

このような脳の障害により，人格の変化などが出現してくるため，認知症は偏見や誤解を受けやすいのである。

表 11·2 認知症または認知症様症状を示す疾患一覧(代表的な疾患のみ)[※1]

Ⅰ. 変性型認知症
1) 皮質性認知症:アルツハイマー病,レビー小体型認知症,前頭側頭型認知症(ピック病や FTDP-17 を含む)[※2],嗜銀顆粒性認知症[※2]
2) 皮質下性認知症:進行性核上性麻痺[※2],認知症を伴うパーキンソン病,大脳皮質基底核変性症[※2]
3) 辺縁型認知症:神経原線維変化優位型老年期認知症[※2]

Ⅱ. 脳血管性認知症
1) 大脳皮質病変型
2) 皮質下病変型
3) 重要部位病変型
4) 血管炎:SLE,結節性多発動脈炎

Ⅲ. 脳内病変によるもの
1. 脳を圧迫する疾患[※3]
   1) 正常圧水頭症
   2) 慢性硬膜下血腫
   3) 脳腫瘍,脳膿瘍
2. 感染症
   単純ヘルペス脳炎(後遺症),AIDS脳症,進行麻痺,プリオン病(クロイツフェルト・ヤコブ病)
3. 自己免疫疾患[※3]
   多発性硬化症,神経ベーチェット病
4. 頭部外傷後遺症

Ⅳ. 全身性疾患に伴うもの[※3]
1. 内分泌・代謝性疾患
   1) カルシウムなどの電解質:副甲状腺機能低下症,腎不全
   2) 糖代謝:低血糖,高血糖
   3) 甲状腺機能:甲状腺機能低下症
2. 欠乏症:ビタミン B_{12}, B_1(ウェルニッケ脳症)
3. 中毒:アルコール,有機水銀,鉛,シンナー
4. 低酸素症:呼吸不全,心不全,貧血,CO中毒

[※1]…うつ病による仮性認知症やせん妄は認知症と区別すべき病態であり,表から除いた。
[※2]…高齢者タウオパチー。
[※3]…treatable dementia(治療可能な認知症)のうち,認知症の症状を呈した時点での治療で改善の可能性があるもの。

出典)山口(2010)

(4) 認知症の症状

認知症の臨床症状は，脳の障害から直接現れ，経過中ほぼ固定し，持続して現れる中核症状と，中核症状に心理的，状況的要因が加わって二次発生的に生成され，随伴して出現し，動揺性で可逆的な周辺症状とに大別される。中核症状の代表的なものとしては，記憶障害，見当識障害，失語，失認，失行，理解・判断力の低下，実行機能の障害などがあげられる。また，周辺症状には，幻覚・妄想，抑うつ気分，不安・焦燥，困惑，不眠などの精神症状と，徘徊，拒否・拒絶，過食・拒食，興奮，暴力行為などの行動面に現れる症状がある（図 11・3）。

最近では，これら認知症に伴って出現する問題行動や精神症状を「認知症の行動と心理症状」（Behavioral and Psychological Symptoms of Dementia：BPSD）とよび，介護環境を変えることや，適切な薬物療法を行うことによって改善する可能性があり注目されている。また非薬物的な療法（心理療法など）も試みられており，その効果も示されている（上島ら，2007）。

周辺症状

精神症状
幻覚・妄想，抑うつ，不安・焦燥，困惑，不眠など

中核症状
記憶障害，見当識障害，失語，失認，失行，理解・判断力の低下，実行機能の障害など

行動面に現れる症状
徘徊，拒否・拒絶，過食・拒食，興奮，暴力行為など

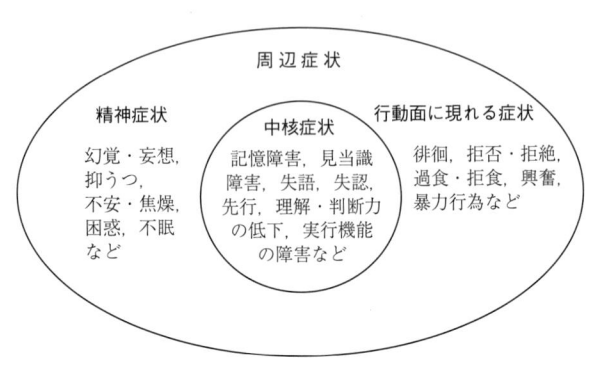

図 11・3　認知症の症状（中核症状と周辺症状）

(5) 認知症の経過

認知症の経過は、原因となった疾患によって異なる。

アルツハイマー型認知症では、穏やかに発症し、徐々に慢性進行性の経過をたどり、末期には高度の知能低下と、人格の崩壊へと向かう。初期は記憶障害や見当識障害が中心であり、なんとか自立した生活が可能である。中期になると失語・失行・失認・構成障害などが出現し、日常生活に部分的に介助が必要となる。後期では人格崩壊・無言・無動・寝たきりとなり、日常生活全般にわたって介助が必要となる。アルツハイマー型認知症の経過として、日常生活機能を総合的に評価し、7つのステージに分け、重症度を判定する尺度として、ライズバーグら(Reisberg, B. et al., 1984)によるFAST (Functional Assessment Staging)がある。

脳血管性認知症は、急激に発症し、階段状に悪化する。初期症状として、意欲や自発性の低下がみられることがある。知的機能の低下はまだら状で、人格が比較的保たれていることも特徴である。感情失禁・不眠・せん妄が出現することも多い。症状には動揺性があり、意識状態が変わりやすく、脳血管障害が起こるたびに階段状に悪化する。

認知症の経過は、原因となった疾患によって異なるが、これらは脳の障害から直接現れる中核症状であり、疾患と共に悪化していく。

ただし、慢性硬膜下血腫などの疾患により、一時的(血腫により脳が圧迫されるため)に認知症のような症状を呈している場合には、その疾患の治療(手術により血腫を取り除く)によって回復する場合もあるため、認知症と思われるような症状がある場合には、早めに受診することが重要である。またアルツハイマー病であってもアリセプトなど、その進行を遅らせる薬なども開発され、現在もその治

療法の研究が続けられているため、早めに専門医の診察を受け、治療をすることが重要である。さらに、認知症の心理的なケアとして、心理療法などにより、精神的な安定が図られることもあるため、認知症を理解し、適切な対応をとることが大切である。

11-2 認知症のスクリーニング検査

(1) 認知症診断のための検査について

最近は、一部の自治体などで物忘れ検診が行われたり、医療機関などにも物忘れ外来などができ、認知症の早期発見への取り組みが行われている。

物忘れ外来などでは、MRIやCT、SPECT(スペクト)などの画像検査、心理テストなどが行われ、それらの結果を総合的に判断し、診断をしている。最初に行われるスクリーニング検査では、心理テストなどの認知機能検査が重要となる。

認知症の診断のためにさまざまな検査が行われるが、日常の様子も重要な手がかりとなる。本人に自覚がないことが多いため、受診には家族が付き添い、家族が気になる日常の様子などを医師に伝える必要がある。その際には、本人が傷つかないよう、メモにして持参するなどの工夫をするとよい。

(2) 画像診断

MRI(magnetic resonance imaging：磁気共鳴断層撮影)は磁気を利用して、頭部内部の撮影をするもので、頭部をいろいろな方向から輪切りにすることができ、小さな梗塞や脳の構造、委縮などをみ

ることができる。ただし、MRIは強い磁気を利用するため、心臓にペースメーカーが植え込まれているなどの理由で撮影ができない場合もある。また、所要時間が30分から1時間くらいあり、撮影中は動かずにいることが必要となり、さらに、狭い機械の中にいることになるため、これらに耐えられることも撮影の条件となる。

MRA(magnetic resonance angiography：磁気共鳴血管造影)はMRIを用いて、血管を画像化するものであり、脳の血管を詳しくみることができる。

CT(computed tomography：コンピューター断層撮影)は、レントゲンを使って、頭部内部の撮影をするものである。MRIに比べ、検査時間は短いが、画像はMRIより劣る。

SPECT(single photon emission computed tomography)は、血流や臓器の機能などをみることができるもので、脳の血流をみることにより、脳梗塞になる前の血流の低下がわかり、また脳の機能の低下により血流量も低下するため、アルツハイマー病の早期診断も可能となる。特にピック病(前頭側頭型認知症)は、前頭葉と側頭葉前方部に病変があるため、鑑別診断に有用である。

(3) 認知機能検査

さまざまな認知機能検査があり、よく使われているものとして、長谷川式認知症スケール(HDS-R)、MMSEなどがあり、認知症のスクリーニング検査として行われている。

a. HDS-R

HDS-R(Hasegawa Dementia Scale-Revised：長谷川式認知症スケール)は、1974年に長谷川らによって作成された、わが国で最も古い歴史のある、認知症のスクリーニングテストである。長谷川式

簡易知能評価スケール(HDS)として作成され，その後，内容を再検討し，1991年に改訂長谷川式簡易知能スケール(HDS-R)となった。さらに，2005年に長谷川式認知症スケールに名称が変更された。検査は9項目で構成されており，30点満点で，20点以下は認知症が疑われる。

b. MMSE

MMSE(Mini-Mental State Examination)は，1975年にアメリカのジョンホプキンス大学のフォルスタイン夫妻(Folstein, M. F. & Folstein, S. E.)らによって考案された認知機能検査である。当初は入院患者の認知機能を測定する目的で作成されたものであるが，認知症の診断の補助にも有効なことから，認知症のスクリーニング検査として広く使用されている。日本では1985年に森が日本語版を作成している。MMSEは，見当識，記銘，注意と計算，再生，言語からなる，11項目の下位検査で構成されている。30点満点で，23点以下は認知症が疑われる。

c. かなひろいテスト

かなひろいテストは，制限時間2分間の中で，ひらがなで書かれたおとぎ話を読みながら，「あ・い・う・え・お」の文字を拾い上げ，○を付けていくというテストである。拾い上げた数で判定するが，何が書いてあったかも聞き取り，内容の理解ができたかどうかも重要となる。このテストは，文章の意味を読み取るということと，文字を探すという2つの課題を同時に遂行するため，前頭葉機能のテストとして開発された(金子，2001)。

d. 国立精研式痴呆スクリーニング・テスト

国立精研式痴呆スクリーニング・テストは，見当識，記憶力，数的処理，常識，個人情報に関する項目以外に，知能の中心的要素と

考えられる判断力，思考力を評価する項目が新たに加えられ，認知症の鑑別の精度を高めるように作られており，他の認知症評価スケールと異なるという特徴がある(大塚ら，1987)。本テストは，被験者に面接し質問方式で行うことができ，時間制限などが設定されていないので，難聴者の多い高齢者や理解力の低い認知症高齢者にゆっくりと丁寧に読み上げて実施することも可能である。また所要時間も10分以内で施行可能であり，集中力を考慮する上でも適しており，道具を用いる検査はなく，被験者の生年月日のみの情報で評価できるという利点がある。さらに，年齢・性別・教育歴，施設滞在期間などのさまざまな要因に影響されにくいという特徴がある。

e. N式精神機能検査

N式精神機能検査(Nishimura Dementia Scale)は，阪大式老人用知能テスト(Osaka intelligence scale for the aged：OISA)の改良を目的として，1988年に福永らが作成したものである。この検査の元となったOISAは，WMS(Wechsler Memory Scale)を元にして，記憶中心に測定するものであった。N式精神機能検査は，記憶・見当識・計算・構成概念・空間認知など，広範囲にわたる認知機能検査であり，12項目の下位検査で構成されている(福永，1988)。

f. その他

高齢者に実施する場合，疲労を考慮しなくてはならない。特に認知症が疑われる場合には，集中力も低下している場合があるため，長時間の検査は被験者の負担が大きく，また結果の信頼性も低くなる。そのため，前述したテストが多く用いられている。

また，HDS-Rは言語性のみのテストであるため，短時間で実施可能な「時計描画テスト(CDT)」は，動作性検査として，HDS-Rとのテストバッテリーとして使用される場合があり，この他に，失

語などにより、言語性検査が困難な場合には、「ベントン視覚記銘検査」「レーヴン色彩マトリックス検査」「コース立方体組み合わせテスト」などがある。また、うつ病などとの鑑別が必要な場合には、GDSなども行うことがある。

さらに、介護者や施設職員など、日常生活を良く知る者に聞き取る評価方式のスケールもある。

11-3 認知症の対応と援助

(1) 認知症の理解

認知症の対応をするために、まず重要なことは、認知症について正しく理解し、何故そのような行動をするのかについて理解することである(表11・3)。

もし、自分が今、何処にいるのかがわからず(場所の見当識障害)、お金を何処にしまったかもわからなくなった(記憶障害)としたら、どういう心理状態になるだろうか。認知症患者は、常にこのような状況に置かれているのである。

加藤(2006)は、認知症の心理的な問題点を、彼らの証言からとらえることは困難になるため、行動や表情、態度などから、心理的側面を推測していくことがとても重要になると述べ、認知症の症状が進んでも、感情機能は障害されず、かなり末期まで残っているということを、まず理解しておかなければならず、ここがどこだかわからなくなっても、悲しい、さびしい、嫌だ、うれしい、楽しいといった感情を、認知症の方は持ち続けていると述べている。認知症になったからといって、すべてがわからなくなるのではなく、感情

表 11・3 認知症の誰にでも起こる症状（中核症状）

	内容	起こりやすい行動
記憶障害	記憶力が低下し、物忘れが多くなる。ひどくなると、ほとんどの記憶が失われる	・何度も同じことを言う・聞く ・自分の家にいるのに「家に帰る」と言う ・物をしまった場所がわからなくなる
見当識障害	時間(今日は何月何日か)、場所(今いる場所はどこか)、自分や周囲の人の置かれている状況を正しく認識(見当識)できなくなる	・道に迷う(迷子になる) ・トイレの場所がわからなくなる ・退職したのに職場へ行くと言い張る ・よその家に入り込む ・家族に向かって「どなた様ですか？」と問う
失語	言葉を操る能力が低下するために、うまくしゃべれなくなったり、相手の言っていることを理解できなくなったりする	・単語や物の名前が思い出せなくなって「あれ・それ」などと言う ・他人の言うことをおうむ返しに言う ・言葉を発しなくなる
失行	運動機能に障害はないのに、それまで難なくできていた簡単な動作ができなくなる	・ボールペンを持っても字が書けなくなる ・パジャマのズボンの上にパンツを重ねてはいたりする
失認	見えている対象物を認識できなくなる状態で、触ったり匂いをかいだりすることで認識できる	・しょう油が何かわからなくて飲んでしまう ・手の指を見ても何指かがわからない ・鏡に映った自分が誰なのかわからない
実行機能障害	物事を理論的に考え、状況を把握して行動に移す判断力(実行機能)が損なわれる	・電話がかけられなくなる ・一人では買い物ができなくなる ・料理の手順がわからなくなる

出典）鎌田(2010)

や情緒，自尊心などは変わらずに残るため，快・不快の感情は変わらないのである。

さらに，山口(2010)は，認知症であっても印象深い記憶はしっかりと残ると述べ，記憶に残るかどうかは，感情の座である扁桃核の働きによってコントロールされているので，感情へのインパクトの強い記憶は残ると述べている。

認知症になると「何もわからなくなる」という誤解から，不適切な対応をすることで認知症患者の尊厳を傷つけてしまう。さらにそのつらい記憶はしっかりと残る。不快な感情のみが残ってしまうのは，とても悲しいことである。

認知症の対応方法を間違えると，認知症患者との関係も悪化し，精神的な症状の引き金にもなってしまうのである。

(2) 認知症の対応方法

「うちのお爺さんは呆けちゃって，何度言ってもダメだし，言うことを聞かないので困るのよ」などという話を聞くことがある。認知症の中核症状を思い出して欲しい。認知症は脳の病気からくる障害である。脳の病気によって，記憶することが難しく，理解力や判断力が低下し，実行機能も障害されてしまう。このケースの場合に，何について何度も言っているのかはわからないが，言い聞かせるのではなく，行動の背景を考え，その患者の行動に介護者が合わせるような対応が必要になる(図11・4)。

一つの例として"夕暮れ症候群"とも言われる，「家に帰りたい」という訴えについて，どう対応したらいいのか考えてみたい。施設の入所者などによくみられる訴えであるが，これは自分の家にいてもみられるものである。

11-3 認知症の対応と援助

(認知症の方の症状・行動)

事実の誤り（現実のとり違え）	失敗行動
財布などを盗られたと疑う 実際に存在しないものが見えたり，聞こえたりする 人をとりちがえるなど	失禁，徘徊，不潔行為，など ＊介護者の負担が大きく，対応がとても重要
⇩	⇩
事実の誤り（現実のとり違え）に対する対応の原則	失敗行動に対する対応の原則
・否定しないこと（逆らわない） ・話題・場面をかえ，関心をそらせる ・認知症の方の認識に合わす	・叱らない，説得しないこと 　(禁句)「ダメじゃない」「いけません」 ・失敗しないような状況（環境）をつくる ・行動の動機や背景を考え，それを満たす

図 11・4　認知症の人への接し方の原則
出典）www.e-65.net（認知症を知るホームページ）

　小澤(2006)は，『痴呆を生きるということ』の著書の中で，認知症高齢者が「時を駆けることができない」として，以下のように述べている。

　「彼らは「今・ここ」で暮らしていることを何となく居住まいが悪いと感じていて，かつてこころ安らかに過ごし，プライドをもって生きた時代に戻りたいのだろう。時を駆けることができない私たちは，現在を生きることに行き詰ると，ときにイメージのなかで過去へ旅する。私たちは，イメージのなかでなら時間を遡ることができる。「若い頃はよかったなぁ」「もう一度あの時に戻れたら」と溜息し，一時，過去に遊ぶのである。ところが，痴呆という病はイメージの世界を奪う。もっと正確にいえば，イメージの世界が現実の世界に置き換えられ，過去へのイメージの旅が現実世界の空間移動を希求する行動になる。彼らが「帰る」「行く」とき，付き添って歩き，昔話に興じる。

そのとき彼らは、過去をもう一度生き直すのである。その過去は、こころ安らかに暮らしていた時代、プライドをもって生きた時代である。」

認知症患者の「帰りたい」という訴えの背景を考え対応することの重要さが理解できるであろう。徘徊についても、あてもなく歩いているように思えるが、認知症患者からみれば、意味があっての行動なのである。

また認知症であってもできることはたくさんある。例えば、洗濯物をたたむ、料理の材料を洗ったり切ったりするなど、家事の中にもできることはたくさんある。その人の残存能力を考え、役割を与えることで生活に張りができ、また役割ができたら褒めることで精神的な安定も得られる。何もわからなくなり、何もできないと思い、言うことを聞かせようとするのではなく、認知症を理解し、適切な対応をすることが重要である。

(3) 介護者の支援

在宅で生活されている場合は、介護者の支援も重要である。徘徊などがある場合、常に目を離すことができず、また外に出て行ってしまい、近隣や警察などの世話になることもあるため、肩身の狭い思いをしたり、その苦労は想像の域を超えていると思われる。身内や近隣に、介護をしている人がいたら、労をねぎらい、協力してあげてほしい。

在宅での介護を継続するためには、介護保険などのサービスを利用したり、相談機関などに相談し、ひとりで抱え込まず、楽に介護ができるような環境を整えることが重要である。また家族会などに参加し、同じ悩みを持つ人と接することで、介護のヒントを得られ

たり，共感を得られたりと，話をするだけでも心の支えになるであろう。同じ経験をしている人でないとわからないような，介護の大変さを分かち合う場として利用してほしい。

(4) 国の対策

先にも述べたが，2004年に「痴呆」に変わり，「認知症」という新たな呼び名に変わったことを契機に，2005年度から10年間を「認知症を知り地域をつくる10ヵ年」とし，その構想を示し，さまざまな普及啓発のキャンペーンを行っている。

また，2008年7月に厚生労働省から発表された「認知症の医療と生活の質を高める緊急プロジェクト」では，全国に150か所の設置が予定されている認知症疾患医療センターにおいて，認知症における専門医療の提供，地域包括支援センターなど介護サービスとの連携も掲げ，認知症患者やその家族に対して支援をするための認知症コールセンターを都道府県・指定都市ごとに1か所設置することとしている。

(5) 成年後見制度

認知症高齢者などが，訪問販売などで高額な商品を売り付けられたり，不必要な住宅リフォームをされたり，オレオレ詐欺の被害に遭うことなどが問題となった。認知症になると，判断能力が低下し，こういった被害に遭いやすくなる。また日常生活においても金銭管理などが難しくなってしまう。そのような状態になった時に利用できる制度として，成年後見制度がある。

成年後見制度は，認知症，知的障害，精神障害などの理由で判断能力の不十分な方を保護する制度であり，財産管理や身のまわりの

世話の手配を成年後見人等が行うことができる制度である。

成年後見制度には,「法定後見制度」と「任意後見制度」という2つがある。

法定後見制度は,判断力が低下していて,本人が後見人を選定できない場合に,家庭裁判所が後見人を選定するものである。任意後見制度は,判断力が十分なうちに,自分で選んだ代理人(任意後見人)に,自分の生活,療養看護や財産管理に関する事務について代理権を与える契約(任意後見契約)を公証人の作成する公正証書で結んでおき,判断能力が低下した後に,任意後見人が任意後見契約で決めた事務について,家庭裁判所が選任する「任意後見監督人」の監督のもと本人を代理して契約などをすることによって,本人の意思にしたがった適切な保護・支援をすることが可能になる。

法定後見制度は,「後見」「保佐」「補助」の3つに分かれており,判断能力の程度など,本人の事情に応じて制度を選べるようになっている。

アルツハイマー病患者が手記を発表し,2004年10月に京都で行われた国際会議でも認知症患者が自らの体験を語り,差別や偏見をなくすために当事者たちが立ち上がっている。認知症について正しく理解し,認知症患者が安心して暮らせる社会になることを願う。

11-4
認知症への非薬物的な介入方法

先にも述べたが,アルツハイマー型認知症などでは,その進行を遅らせる薬としてアリセプトなどがあり,薬物治療が行われ,現在

も研究が続けられている。2011年には、新たに3種類の新薬が発売となっているが、特に認知症のBPSDの改善などには、心理療法などの非薬物的な治療も試みられており、その効果も示されている。筆者も認知症高齢者を対象とした音楽療法を行い、音楽活動が脳への良い刺激になり、空間能力を見る検査で有意な上昇を示したり、生理学的指標を用いた検査でもリラックス効果が示されるなど、多くの効果が見られた(中島, 2007)。

　非薬物的な介入である心理療法については15章に述べているのでここでは省略する。

　またバリデーションというコミュニケーション法や、RO(Reality Orientation：リアリティオリエンテーション)という現実見当識訓練のリハビリテーション、福島式認知リハビリ(福島, 2009)なども行われている。

　これらはデイサービスやデイケアなどに取り入れられたりもしているが、自宅で音楽を楽しんだり、畑仕事をしたり、趣味を楽しんだりすることなども効果があると言われている。

　非薬物的な介入を行う場合には、アセスメントを行い、本人の残存能力や意欲を生かすような方法で実施することが重要である。

◀まとめ▶
☐ 認知症は、ある「状態」に対してつけられた名称であり、1つの疾患を指す言葉ではない。
☐ 認知症の対応をするために、重要なことは、認知症について正しく理解することである。
☐ 認知症のBPSDの改善に対して、心理療法などを取り入れる研究があり、効果も示されている。

◀より進んだ学習のための読書案内▶

平井俊策（監修）／荒井啓行・浦上克哉・武田雅彦・本間　昭（編）(2008).『老年期認知症ナビゲーター』メディカルレビュー社
　☞認知症に関する用語が章ごとに分類されており，必要な用語が一目で把握でき，辞書としても利用できる。

山口晴保 (2010).『認知症の正しい理解と包括的医療・ケアのポイント─快一徹！脳活性化リハビリテーションで進行を防ごう』協同医学出版社
　☞認知症の病態や症状をわかりやすく解説し，適切な医療・ケア・リハビリテーションを提供するための具体的な方法を示している。

鎌田ケイ子 (2010).『こんなときどうする？チャートでわかる認知症介護』世界文化社
　☞認知症で問題となる周辺症状について，対応方法がチャートでわかりやすく説明されている。

◀課題・問題▶

1. 認知症の原因となる疾患にはどのようなものがあるのか？
2. 認知機能検査にはどのようなものがあるのか？
3. 認知症の対応をするために重要なことは何か？

12章

介護予防の推進

要介護にならないために

◀キーワード▶
介護予防,地域包括支援センター,介護保険,傾聴活動,在宅ケア

12-1
介護予防とは何か

　介護予防とは高齢者が心身機能や生活機能の低下から要介護状態に陥らない,あるいは状態が悪化しないようにするための予防を意味する。介護保険上の介護予防の理念は,①利用者本位のサービス,②在宅ケアの推進,③地方分権の推進による自立支援,に基づいている。つまり,在宅で利用者本位のサービスを実施しようとするものである。しかし,介護予防が実際に可能か,予防と効果の因果関係を証明できるか,などが議論の的となった。介護予防が強調される背景には,介護保険の重点が介護から介護予防へ移行したことが大きな要因になっている。これは,予想外に増加し続ける介護保険の支出を減らすために,要介護を予防しようとする財政上の理由が

大きく，なんとかしなければ，という実状から考えられたものである。しかし，要介護状態にならないための方策は十分検討されたとは言えず，実施する地方自治体では，何をどのようにすれば，介護予防につながるかについて試行錯誤の状態が続き，実現化には苦労がともなった。2006年の介護保険法の改正では地域包括支援センターが介護予防マネジメントを行い地域支援事業を集約し，介護保険上は軌道にのったと思われる。

　実際，在宅を中心とした介護予防への期待は高く認知症や老化を恐れている人々の心理状態に呼応して一時，介護予防のメニューとして筋トレ，脳トレ，読み，書き，計算などの訓練が盛んに行われた。そしてどのようなサービスが効果があるかについての検討にエネルギーが費やされた。現在はそのような議論はあまりなされず，結局，介護予防のための内容を実証的に検討し，効果を証明することは難しいという結果に至ったと思われる。しかし，心理学的立場からみて，どのような内容や方法が介護予防につながるかについての実際上の検証は必要であり，どんなサービスが高齢者の心身機能や生活機能の低下を防ぐことができるかについては，研究の成果が期待されるところである。

12-2 介護予防サービス利用者の現状

　介護保険制度が発足したのは2000年であるが，それから10年を経て介護サービス利用者は，およそ2倍になった。制度は順調に高齢者を支えるものとして伸びてきている。しかし，それを支える財政が逼迫する事態になり，要介護状態にならないための施策に

重点が置かれるようになったことはすでに述べた。それにともない高齢者の介護予防サービスへの期待は高まっている。

介護給費の推移をみても施設サービスが2008年(平成20年)に頭打ちになっているにもかかわらず，介護予防サービス費用は年々増加している。このような状況からも介護予防施策への転換は時機を得ていたことは明らかである。この状況は介護サービスが介護予防に重点を移してきたことと同時に，近年，福祉サービス全体が施設居住から在宅へ，と移行してきたことと呼応している。「年取っても家ですごしたい」という多くの人々の望みに答えたものである。地域包括支援センターはそのニーズに答えているものと思われる。予防重視型システムへの移行，サービスの質の向上などを内容とする「介護保険法などの一部を改正する法律」（介護保険法改正法）は2006年4月より施行されている。

12-3 介護から介護予防へ

「介護保険法などの一部を改正する法律」は，要介護施策から介護予防への転換であるが，財政上のいきづまりからの方向転換とは言え，介護予防の考え方は介護と同程度またはそれ以上に重要であり，多くの人々に支持され，利用されている。誰でも心身が弱ってきても要介護状態にならないように自分を維持したいと考える。そこを援助するのが介護予防である。心身の残存機能を活用しその能力の維持，増強を促す。多くのデイサービス，デイケアでは在宅の人々に通所で介護予防を実施している。居住施設に入居するメリットはもちろんあるが，ある程度自立できている場合，自立の機能を

助成しながら在宅でくらしたいと考えている人は多く，そのためのきめのこまかな援助が必要となった。

12-4
地域包括支援センターの役割

2006年に創設された地域包括支援センターは，介護保険で要支援1・2と認定された人に対して自立への支援を行う。さらに要支援と認定された人だけではなく，一般高齢者に対して要支援・要介護状態にならないために，介護予防事業を利用して生活機能を高めるための支援も実施している。また自立した人には，介護予防を目的としたボランティア活動などに積極的に参加して自発的に介護予防に取り組み，健康を維持するように支援している。

地域包括支援センターの機能は地域で生活する高齢者のために，介護，福祉，健康，医療などの多方面から支援することである。なお虐待防止，成年後見制度が必要な場合，申し立ての手続きの支援なども実施し，さまざまな面から高齢者支援を実施する役割を担っている。

12-5
介護予防のための心理的援助—傾聴活動を通して

最近，多くの中・高年齢の人々が，傾聴のスキルを習得して，ボランティア活動として傾聴を実践している。対象者は高齢者施設で生活している人々や一人暮らしの高齢者である。ボランティアとして傾聴活動をする人々は，子どもたちが社会へ巣立ったあと，自ら

が社会とのつながりを希望する女性たちや定年退職後の男性や女性たちである。それぞれがこれからの長い老後を充実して生きるために，自己啓発とともに社会貢献を考えている。ボランティア活動は対象者のためばかりではなく，同時に自身の介護予防にも役立っている。つまり高齢者のケアに関わることにより，自らの老化も予防できると考えている。傾聴活動は話し手である高齢者ばかりではなく，傾聴する人自身にも多くの収穫があり，聴き手の介護予防にも役立っている，ということである。

対象者である施設生活者のメリットは，施設の中では刺激が少なく，対人関係が狭くなりがちだが，ボランティアと接することにより他者との関係ができ，情緒安定や脳の活性化に実際的な効果が得られることである。

傾聴はボランティアの仕事と考えられ，誰にでもできる容易なものと理解されがちである。しかし，実際には，話される話題は幅広く，聴くだけでは済まされない問題も多く，傾聴についての知識がないと活動は困難だと考えられる。そこで，現在，各地に中・高年齢者を中心に傾聴のための養成講座が開催され，傾聴について学ぶ機会ができた。ここではカウンセリングの基礎としての講座をはじめとして，ロールプレイによる実際の傾聴の訓練，施設における実習等も含めてカリキュラムにそって学ぶことができる。一連のこの活動には80歳代の人も参加している。参加者にとっては社会とつながることができ，実際に役立ち，対象者の人生経験豊かな話が聞ける，というメリットもある。参加者の講義に対する熱意は強く，社会経験の豊富な人々であるので，優秀な聴き手になって各地域で傾聴者として活躍している。この傾聴活動は中・高年を対象としているが，参加者の中に関心のある若い人々もいて，世代間交流のよ

い機会でもあり，生涯教育の場としても役立っている。

◀ ま と め ▶

☐ 介護予防は高齢者の心身機能や生活機能の低下から要介護状態に陥らない，あるいは状態が悪化しないようにするための予防を意味する。介護保険上の介護予防の理念は，①利用者本位のサービス，②在宅ケアの推進，③地方分権の推進による自立支援，に基づいている。

☐ 介護予防サービスにおいて，どのような働きかけが高齢者の心身機能や生活機能の低下を防ぐことができるかが求められている。認知症にならないためのケアの在り方については未開拓な分野であり，心理学的にも研究の成果が期待される。

☐ 入居施設に居住するよりも「歳を取っても家ですごしたい」と多くの人々が望み，在宅でデイサービス等を利用して老化による衰えを予防しているため，介護予防サービス費用は年々増加している。近年，福祉サービス全体が施設居住から在宅へと移行してきたのに呼応している。

◀ より進んだ学習のための読書案内 ▶

鏡　諭（編）(2005).『介護予防のそこが知りたい』ぎょうせい
原　千恵子（2009).『傾聴・心を聴く方法―高齢者支援のための理論と実践』学苑社

◀ 課題・問題 ▶

1. 介護予防とは何か
2. 介護予防にはどのような支援があるか
3. 地域包括支援センターの役割は何か

13章

介護者のための支援

介護疲労をなくすためには

キーワード
ストレス, バーンアウト, デイサービス, ショートステイ

13-1
介護職場における心身の健康管理

(1) 職場のストレス

　介護職場における介護職員の心身の健康については種々の議論がなされている。障害の重い高齢者に対する心身のケアは容易ではないが, 対利用者関係に関する問題は, 職場のストレスとは関係なく, むしろ利用者との関係でストレスが癒されているという報告もある。職員の心身の健康に関する問題は個人にあるというよりもシステムにあるとマスラック(Maslach, C., 1998)は次のことを指摘している。①仕事量の過重, ②裁量権の少なさ, ③報酬, 貢献度が反映されない評価, ④共同体・組織が仕事のやり方をよく理解できず, 尊重できていない, ⑤公正さに欠ける, ⑥仕事に対する個人の価値観を組

織が理解し，支援していない，などである。

(2) 介護職現場におけるバーンアウト

　最近になって大分改善されてきたものの，介護現場は人手不足で仕事量が多く，援助を必要とする対象者のケアは気をぬくことができない。かつ職場の人間関係も複雑で細かいところにも神経を働かせる必要があるなど常に緊張状態におかれる。このような状態が長く続き，しかも解決する見通しがつかないと心身ともに不健康な状態におかれ，燃え尽き症候群(burnout syndrome)に陥る。燃え尽き症候群は医師，教師，ソーシャルワーカー等の対人専門職のメンタルヘルスに関連する概念であり，フロイデンバーガー(Freudenberger, H. J.)が提唱した。対人専門職の人々は長期間にわたる対人援助の過程で過度の緊張が強いられ，エネルギーが消耗するにも関わらず，それ相当の満足感や成功体験が得がたい。そのストレスから生じる極度の心身の疲労と感情の枯渇状態をいい，自己卑下，仕事嫌悪，思いやりの喪失感をともなう。

　この状態は消化性潰瘍，甲状腺機能亢進，うつ病，神経症，パーソナリティ障害，アルコール依存症，薬物依存，離婚，自殺などの原因になる。毎日の生活の中で生き生きとした感覚がなくなり，情緒的な消耗感が強くなり，職場内での対人関係全般に対する不全から，逃避，攻撃的な態度を示す。仕事に対する成功感が得られず，意欲を失っていく。その結果，対象者に対して感情をともなわない感覚で接するようになる。

　バーンアウトは3つの要因で説明される。第一に情緒的消耗感で心理的な虚脱感，第二には脱人格化で対人関係に対する不全感で逃避，攻撃的な態度である。第三には個人的達成感の喪失である。

(3) バーンアウト対処の方法

ストレスの個人対処の積極的な方法として，職場で自己主張したり勤務体制改善の努力など実際的な対処をとること，他者と相互交流を行って問題解決をはかる，ストレスに立ち向かえる強いパーソナリティ形成を考える，施設内のハード，ソフト面のシステムを改善する提案をする，などが上げられている。つまり問題に対して積極的な態度で立ち向かうということだが，個人がこのような行動を起こすことは容易ではない。このような行動を起こしても成功しない場合もあると思われるが，そのような場合，余計に落ち込み問題を解決する力を失ってしまう。行動を起こす前に個人的にストレスを回避する方法を身につけ，まずストレスから脱する，ストレスにさらされない工夫が必要ではないか。心理的なストレスの解消方法として何でも話せる人，自分の考えを理解し，支持してくれる人を見つけるなど人間関係の中で解決することの重要性があげられる。カウンセリングの導入なども考えられる。

介護現場でのバーンアウトの問題は簡単に解決できる問題は少なく，介護現場での人手不足の状況をみると労働過重の状況も大きな要因と思われる。

13-2 家庭における介護者

(1) 家庭における介護者

家庭における要介護者を介護するする人は誰かをみると，要介護者からみた主な介護者の続柄は図 13・1 に示すように，同居では配偶者，子，子の配偶者となっている。主な介護者の性別をみると男

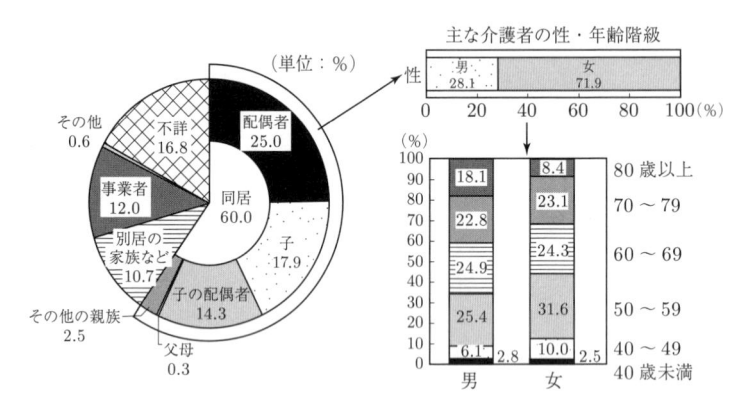

図 13·1　要介護者からみた主な介護者の続柄
出典）厚生労働省「国民生活基礎調査」（平成 19 年）

性が 28.1％，女性が 71.9％で女性が男性の 2.5 倍多い。同居している主な介護者の介護時間をみると要支援 1 から要介護 2 までは必要な時に手をかす程度が最も多いが，要介護 3 以上ではほとんど終日が最も多く，要介護 5 では約半数がほとんど終日介護している。同居者の介護負担は過重になっている。

(2) 家庭における介護者の困りごと

認知症高齢者の介護には，多くの負担が伴う。介護者の家族の困りごとには精神的疲労，先行き不安，自分の自由になる時間がない，身体的疲労などがある（表 13·1）。認知症重度になるほど身体的ケアが必要になるが，そればかりではなく精神的な疲れも顕著である。精神的に介護負担を強く感じている者のなかには，もう 1 年この状態が続くとしたら耐えられないと思っている介護者が多い。

介護負担を種々の方法で軽減することを考えた方がよい。一つは

表 13・1　介護者の困りごと

上段：度数／下段(%)	合計	身体的に疲れている	精神的に疲れている	睡眠不足	この先どうなるか不安	自分の自由になる時間がない	その他	不明
合計	218	94	146	78	131	102	21	11
	100.0	43.1	67.0	35.8	60.1	46.8	9.6	5.0
地域区分 都市部	142	66	101	56	89	75	9	5
	100.0	46.5	71.1	39.4	62.7	52.8	6.3	3.5
地域区分 地方	76	28	45	22	42	27	12	6
	100.0	63.8	59.2	28.9	55.3	35.5	15.8	7.9

(注) 複数回答
出典) 小林他(2000)

介護保険を利用することである。ケアマネジャーに介護保険などによる利用可能なサービスについて情報を求め利用する。また精神的疲労については同じ悩みを持つ家族会への参加も問題解決へ向けられる。臨床心理士などによる援助も役立つ場合がある。

　認知症高齢者の行動障害や精神症状を減らすことができると介護者の心が休まる。デイサービスやショートステイなどを利用することにより，治療的効果が得られることがあるし，介護者が対象者から解放され，自己を取り戻す時間を得ることができる。

　また介護者は介護の辛さを理解し，支持されることにより負担が軽減される。カウンセラーの援助が得られれば精神的にかなりラクになるだろう。また家族の中での介護の分担，話合い等が重要になってくる。一人で介護を背負いこまないことが重要である。高齢者虐待や燃えつき現象は追い詰められた介護者が起こすと思われる。介護の手を抜くための援助が必要である。小林敏子は自分の介護の仕方が悪い？と悩む介護者へ次のようなアドバイスをしている(曽我・日下，2006)。以下のような考えがない場合，在宅介護は限界

とさえ言わている。

1. 介護の手抜きのすすめ(完璧な介護をめざさないように)
2. 介護のみにのめり込まず，自分の仕事や楽しみを続ける
3. 利用できる社会的サービスを利用する
4. 介護から離れた時には，自らの心を解き放ち，被介護者のことを忘れる
5. 体調が悪い時には，早めに応援を求め，一時的に介護を誰かに代わってもらったり，ショートステイなどを利用する。

在宅介護には多くの負担と問題があるが，介護される側から社会をみる目を持つことができ，自分はどのような老後をすごしたいのか，具体的なイメージがわき，自分について深く考えるようになるなどの高齢者から得られるものもある。

介護を一人で背負いこまないで済むような家族や社会のありかたを追求することは今後の大きな課題である。

◀ま と め▶
☐ 介護職場における介護職員は職場のストレスなどにより，バーンアウトになることがある。バーンアウトは，①仕事量の過重，②裁量権の少なさ，③報酬，貢献度が反映されない評価，④共同体・組織が仕事のやり方をよく理解できず，尊重できていない，⑤公正さに欠ける，⑥仕事に対する個人の価値観を組織が理解し，支援していない，などの原因よるとマスラックは述べている。バーンアウトは，ストレスから生じる極度の心身の疲労と感情の枯渇状態をいい，自己卑下，仕事嫌悪，思いやりの喪失感をともなう。対処の仕方としては心理的なストレスの解消方法としてなんでも話せる人，自分の考えを理解し，支持してくれる人を見つけるなど人間関係の中で解決することの重要性があげられる。

❏ 家庭における介護者については，①完璧な介護をしようと思わない，②公的なサービスを利用する，③自分自身の心身の健康にも気をつけ，ストレスをなくす，などがあげられる。

◀ より進んだ学習のための読書案内 ▶

曽我昌祺・日下菜穂子(編) (2006). 『高齢者の心のケア』金剛出版
Maslach C., & Leiter, M. P. (1997). *The Truth about Burnout*. San Francisco: Jossey-Bass Publishers. (高見恭子(訳) (1998). 『燃えつき症候群の真実』トッパン)
内閣府 (2010). 『高齢社会白書』佐伯印刷
佐藤眞一・大川一郎・谷口幸一 (2010). 『老いとこころのケア―老年行動科学入門』ミネルヴァ書房

◀ 課題・問題 ▶

1. 高齢者施設職員のバーンアウトとはどのような状態か。
2. 高齢者を在宅介護するために介護者がバーンアウトしないためにどのようなことが必要か。
3. 高齢者介護から得られるものは何か。

14章

高齢者の心理アセスメント

高齢者の心を客観的に把握する

【キーワード】
アセスメント,認知症スクリーニングテスト,ADL評価尺度,人物画テスト,バウムテスト

14-1
心理アセスメントとは

　一般的にケアや治療をするにあたって,方針をたて適切な方法を見いだす過程が必要で,これをアセスメントという。アセスメントでは客観的に高齢者を理解するために本人や家族,関係者に面接したり,必要に応じて心理テストを行う。心理テストは,標準化されたものでも,教示の仕方や手順,検査者の態度,熟練度,その場の雰囲気などによって結果はかなり違ってくる。特に高齢者の場合,アセスメントに不安を持たれないように温かな態度で接したい。またテストの適用範囲,限界を知っておくことも必要である。高齢者の場合,心理テストは,認知症の早期発見のために使われることが

多い。アセスメントはテスト結果ばかりではなく対象者の成育歴，面接，観察，関係者からの情報などを考慮してなされるべきである。心理アセスメントは，その過程自体がすでに治療の過程にもなっている。つまり対象者の状況を的確に把握するためには，自由な雰囲気の中で対象者と友好的な関係を保ち，十分な能力を発揮してもらう必要がある。この過程はアセスメントであるばかりでなく，すでに治療過程でもある。医学的なアセスメントは治療のためのデータを把握することに重点がおかれ，治療とはあまり関連がない。しかし，心理アセスメントの場合，対象者とセラピストとの人間関係のなかで進められるのでよい人間関係は，よい結果につながり，治療効果にもつながると言える。

アセスメントの過程で，具体的な治療方針と方法が設定されるが，これは固定的なものではなく，治療の過程で対象者の状況にそって変えられる。

14-2 テストについて

どんなテストでも，完全なものはあり得ないのは当然だが，標準化されたテストは，信頼性と妥当性が基準に満たされている場合に，統計的にみて信頼できるテストと判断されている。信頼性とは条件が同一であれば，誰がいつ実施しても同じ結果がでる，つまり一貫性があるということである。妥当性は，測りたいものが測定できるということで，例えば知能テストであれば，知能が測定できるということである。基本的に信頼性，妥当性の高いテストがよいテストであるが，さらに高齢者の場合，テストが被験者に心理的な負担や

苦痛を与えないこと，短時間でできること，多くの器具を必要としないこと，費用がかからないことなどがあげられる。普通の会話の中でテストと意識されないで質問に答えてもらったり，遊び感覚で作業ができるようなテストが望ましい。

(1) テストする時期と注意事項について

一般的には，面接の初期に実施して対象者を客観的に理解し，治療の見通しをたてるために役だてる。しかし，時には治療の中ごろや終わりに行い，治療効果を測定する場合もある。テストは実施状況により，得られる結果が大きく異なるので，被験者が安心できる和やかな関係のもとで実施するべきである。やさしいテストでも改まって質問されたり，課題を課せられると緊張する。高齢者にとってはどんなテストでもストレスを与えることになることを理解して実施したい。質問紙によるテストの場合は，個別に読んで必要に応じてわかりやすく説明することが重要である。どの程度理解できているかわからない場合も多いので，注意した方がよい。

14-3 知的能力検査

知的能力検査といっても認知症か否か，またその程度について検査する場合に使うが，詳細は 11-2 節に述べてあるので省略する。

① 長谷川式認知症スケール(HDS-R)
② MMSE
③ 国立精研式痴呆スクリーニング・テスト(精研式)
④ N 式精神機能検査

などがある。

14-4 行動観察尺度

(1) 唐澤式臨床的判定基準

これは，本人に直接面接，テスト，観察などをするのではなく，高齢者の知能の程度をある基準にしたがって判断するものである。本人について詳しく知っている者から情報を聞いて判定する。結果は数字で表現されるものではなく，ある段階として判断される。判定に関しては，①日常生活能力，②日常会話，③具体的例示，④能力などを中心になされる。能力低下が複数ある場合は重い方を重視することが大事である。高齢者の記憶力，判断力，理解力を大まかに判断するものである。

(2) GBS スケール

GBS スケールはゴットフリーズ(Gottfries, C. G.)，ブレイン(Brane, G.)，スティーン(Steen, G.)により 1982 年に開発された。認知症の評価ができ，同時に日常生活上の生活能力の評価も可能である。①運動機能，②知的機能，③感情機能，④精神症状の 4 領域が評価できる。施行は簡単だが，長い期間の観察が必要なものが多く，簡単には評価できない。日頃から本人をよく知っている者が評価すべきである。

知的機能に関しては被験者の答えを評価し，運動機能，感情機能などは被験者をよく知っている者が行動観察から評価する。

(3) ADL（日常生活動作能力）評価尺度

　N式老年者用日常生活動作能力評価尺度（N–ADL）は，日常生活の状況をよく知っている者から報告してもらい評価する。日常生活の基礎的な行動を，①歩行・起座，②生活圏，③着脱衣，④摂食，⑤排泄の5項目を7段階に分けて評価する。5項目の点数の合計がN–ADL の評価となる。日常生活動作の自立度がある程度判定できるが，介護の状況は判断しにくい。

14-5 描画によるテスト

(1) 人物画テスト

　グッドイナフ（Goodenough, 1925）は児童の精神発達を測定する方法として Draw–A–Man（DAM）を作成した。人物画を点数化してIQ をだす人物画テストである。マコーバー（Machover, 1949）はさまざまな年齢層の人々が自己概念を表現する方法として人物画テストを用いた。筆者は高齢者の心理治療の効果を把握する時に侵襲的なストレスにならない方法として人物画を試用している。人物画は描くこと自体が自己主張や回想にもつながりそれ自体が治療にもなり，同時に対象者に負担を与えずにその変化を見ることにより治療の成果を把握できる。例えば，セラピーとして化粧療法を行い，効果測定のための検査にかえて治療の始めと最後に人物画を実施し，その変化を見ることによりセラピーの治療効果を把握できる。

　人物画は「ひとりの人の全身を描いてください。絵がうまいか，へたかは問題ではありません」と教示する。B5 か A4 の用紙と BまたはHB の鉛筆で描いてもらう。

一般的に描画へ導入すると,「絵は苦手です」と言う人が多く,なかなか描いてもらえない。認知症高齢者の場合も同様で,描くことは拒否,または躊躇されることが多い。しかし,グループで実施する場合,「大丈夫,描けますよ」と言う励ましに1人でも描きだす人が出てくると,他の人も自然に描き始めて,ほとんどの参加者が描き上げる。描画は見ただけで判断できて効果がわかりやすい。さらに描画は知的能力ばかりではなく,情緒,意思の強さなど人格的な面も把握できて投映法のひとつとして利用できる。

図14・1 重度認知症,
　治療前(左)と治療後(右)

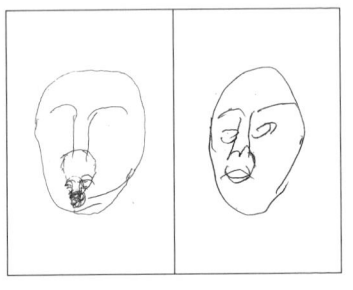

図14・2 中度認知症,
　治療前(左)と治療後(右)

図14・3 軽度認知症,
　治療前(左)と治療後(右)

「紙は縦ですか，横ですか」「人は女ですか，男ですか」などの質問が出るかも知れない。投映法なので「自分の好きにしてください」と言う。自由に描けるのでテストされる，という感じがなく，便利なテストである。図14・1，図14・2，図14・3のように治療の前後に実施して治療効果をみることもできる。

(2) バウムテスト

バウムテストはコッホ(Koch, K., 1970)が職業相談において用い

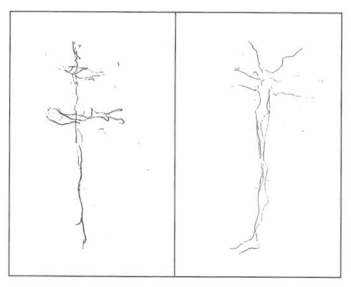

図14・4 重度認知症，
　治療前(左)と治療後(右)

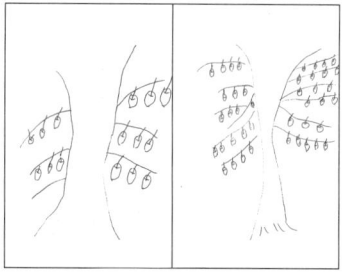

図14・5 中度認知症，
　治療前(左)と治療後(右)

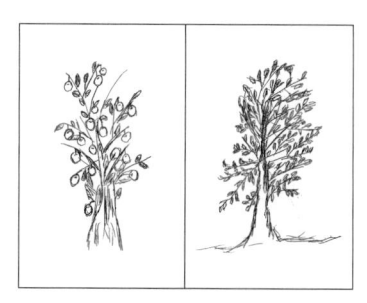

図14・6 軽度認知症，
　治療前(左)と治療後(右)

たことから始まる。B5の紙とBの濃さの鉛筆を用意し,「実のなる1本の木を描いてください」と教示する。描かれた樹から知的能力,性格的特徴などがわかり,診断的に使うことができる。人物画と同様に投映法なので被験者に抵抗なく用いられる。また見てすぐに判断できるので有効なテストである。高齢者の治療においても同様に用いることができる。認知症の高齢者のバウムテストを図14・4,図14・5,図14・6に提示する。

◀ま と め▶

❑ 一般的に適切なケアや治療をするにあたって,方針をたて適切な方法を見いだす過程が必要でこれをアセスメントという。高齢者のケアにあたってアセスメントを実施する場合において,まず客観的に高齢者を理解する必要がある。そこで本人や家族,関係者に面接し,必要に応じて心理テストを行う。心理学的アセスメントの場合,対象者の状況を的確に把握するためには,対象者とセラピストとのよい人間関係の下で実施されることが望ましい。それは結果や治療効果にもつながると言える。

❑ 心理テストは,標準化されたものでも教示の仕方や手順,検査者の態度,熟練度,その場の雰囲気などによって結果はかなり違ってくる。高齢者の場合,心理テストは認知症の早期発見のために使われることが多い。標準化されたテストは信頼性と妥当性が基準に満たされている場合に,統計的にみて信頼できるテストと判断されている。

❑ 高齢者の場合,テストは被験者に心理的な負担や苦痛を与えないこと,短時間でできること,多くの器具を必要としないこと,費用がかからないことなどが必須条件と考えられる。

◀より進んだ学習のための読書案内▶

原千恵子(編著)(2005).『心理学 A to Z』学苑社
大塚俊男・本間 昭(編)(2004).『高齢者のための知的機能検査の

手引き』ワールドプランニング
原千恵子 (2010). 認知症高齢者の自己像描画—化粧療法の治療効果測定のために—. 臨床描画研究, **25**, 161–173.

◀ 課題・問題 ▶

1. 心理アセスメントとは何か。
2. 高齢者の心理テストにおいて必須条件は何か。

15章

高齢者の心理療法

能力開発や情緒安定のための援助

◀キーワード▶
カウンセリング,コラージュ療法,化粧療法,自律訓練法,箱庭療法

　高齢者の心理療法としては種々の方法があるが,カウンセリング,コラージュ療法,音楽療法,化粧療法,自律訓練法,箱庭療法などが実施されている。これらはすべて一般の人々にすでに実施されてきた治療法である。そこで高齢者や認知症の人々にもこれらの治療法が可能かどうか,注意深く実施してみた結果,ほとんどの治療法が可能であることがわかってきた。当然,実施にあたっては対象者に合わせて注意深く工夫されねばならないことは言うまでもない。本章ではこれらの療法を一般的な治療法として説明し,実際に高齢者や認知症の人々に実施した結果について述べる。

15-1 カウンセリング

カウンセリングを心配や悩みを解決する方法と考えると,その起源は古い。人々は大昔から不安や心配,悩みを経験していたものと思われ,大きな心配事を抱えた人々はお祓いをしてもらったり,拝んでもらったり,宗教にすがったりして解決したようである。つまり人知を超えた力に頼ったと思われる。悩みや問題は人生にはいつもあり,科学の発達した今でも人は種々の問題に直面している。

人の悩みや問題を対象にする臨床心理学では,困難な問題やつらい症状に直面している人に寄り添って心理学の知識と技術を使って無事困難を切り抜け,人としても成長するよう支援する。その一つの方法がカウンセリングである。カウンセリングは相談により問題の解決をめざす。高齢者のカウンセリングで基本的に使われるのはロジャーズの来談者中心療法である。

(1) 20世紀の心理学―カウンセリングの歴史

1900年代に,フロイト(Freud, S., 1856–1939),ワトソン(Watson, J. B., 1878–1958),ロジャーズ(Rogers, C. R., 1902–1987)らが活躍し,臨床心理学の基礎を作り上げた。彼らのあとに多くの理論や技術が開発,研究されてきて現在,心理療法の方法は数百を越えると言われているが,3人が築いた基礎は現代の臨床心理学に大きな流れとして影響を与え,かつ貢献している。ここではカウンセリングの基礎を築いたロジャーズについて述べる。

(2) 来談者中心療法の理念

　来談者中心療法は，ロジャーズが提唱したカウンセリングの方法である。ロジャーズは，自らの治療法を，非支持療法，来談者中心療法，そして後にグループカウンセリングであるエンカウンターへと発展させていった。基本的に面接では，来談者に指示をせず，来談者の発言をひたすら聴き，理解することにより相談を続ける。ロジャーズのカウンセリングの理論のもっとも大事なことは，クライエントが自分の心を束縛から解放して自分自身を洞察する点であるが，彼の生涯をみると幼少の頃から束縛され，コントロールされていた不自由さを感じて育ったようである。その体験から来談者中心療法が生まれた。基本的に人を受容することにある温かさを，その理論から学びとることができ，人は善であるという確信を持ち，私たちに安心感を与える。多くの臨床家がまず，はじめに学ぶのがロジャーズであり，どんなカウンセリングを実施するにせよ，その底辺にロジャーズの理論があることを銘記したい。来談者中心療法は高齢者の心を開放させ，自由にのびのび生活するための支援に役立つ方法である。ロジャーズの主張をまとめると以下のようになる。

① 人は関係を求める能力を持っている

　人は，人間関係の中で十分に知られ，十分に受け入れられることを望んでおり，このような人間関係の下では地位だとか，役割だとか，実際に役立つかどうかなどの功利的なこととは関係なく，人間としてあるがまま，また感じたままを心から語り合う深い関係を望み，そのような相互の関係を通して真の人間になる。

② 人は自己実現へ向かう

　彼はカウンセリングの経験から「人が前進する力，健全な成長へ向かう一定の傾向は，人間に関するもっとも深い真理である」と述

べている。人は自然に前進するように設定され,「もし私が成長に役立つ諸条件を用意することができるならば,この肯定的な傾向が建設的な結果をもたらすことを発見してきている」と述べている。「成長に役立つ諸条件」とは人を十分受容できる状況,つまり,カウンセリング場面のことである。彼はカウンセリングにより,人に肯定的に成長する機会を与えることができる,と言っている。

③ **人は潜在的な能力を持っている**

人間には潜在能力があり,人はその能力を自覚することができる。もしその力を自覚することができ,その潜在能力を発展させることができれば,豊かで適応力に富み,創造的な生活を送ることができ,人間進化の絶えることのない進展に参加するようになる。

④ **人間は基本的に肯定的である**

人間がたとえ不完全であり,一見どうしようもない人,反社会的な人でも,可能性を実現する機会が与えられれば不適応状況から脱することでき,異常人格と思える人も,聴き手が深く接触し理解し,その人を人として尊重していくと,その人自身が自分について肯定的,建設的に見ることができるようになり,誰でも自己実現的な方向へ向かっていくことがわかる。

⑤ **人は主体的に生き,健全な選択能力を持っている**

自分の潜在能力を十分に発揮している人は,自分自身の主体的側面を受容し,主体的に生きている。彼は責任を持って選択し,考え,感じ,経験する一人の人間である。人間は自分のあらゆる能力と意識を動員して,その状況における彼のあらゆる欲求を満たす上でもっとも近い活動方向を発見する,つまり健全な選択能力を持っている。

(3) なぜ語る人が主役か──来談者中心療法の基本的な仮説

① 基本的な仮説は「個人は自分自身の中に自分を理解し，自己概念や態度を変え，自己主導的な行動を引き起こすための巨大な資源を持っており，そしてある心理的に促進的な態度について規定可能な風土が提供されさえすれば，これらの資源は働き始める」というものである。

② 人は誰でも自分を理解し，自分の問題を解決できる偉大な能力を持っていること，そして自分自身でそのことを知っている。つまりクライエントは自分の持つ問題についてどうすればよいかについて理解している。

③ そのきっかけの1つがカウンセラーとの出会いである。そのようなカウンセラーには，3つの条件が必要であると言う。第1は，自己一致の高い，誠実で純粋なカウンセラーで，カウンセラーが自分自身の体験と意識が一致していて，誠実さを持っていれば，そのことがクライエントに伝わる。

第2にクライエントに対する無条件で肯定的な配慮である。これはクライエントがどのような状況であっても，どのような感情状態であってもクライエントを受容することを意味する。クライエントを自分の思い通りに支配したり，束縛しない，思いやりのもとで受容することができるカウンセラーである。

第3にクライエントに対して，共感的な理解ができること。クライエントが体験していることを正確に感じとれること，さらに深く理解が進んでいる場合，クライエント自身が曖昧にしかわかっていない部分まで，明確に感じとれることができるカウンセラーであること。この3つの条件を持ったカウンセラーとの出会いにより，クライエントはこれまで発揮されなかった能力が触発され，自己解

決へ向けて建設的に進むことができる。カウンセラーに限らず,教師と生徒,親と子,上司と部下,友人関係などの間でも,この3つの条件を持った人との出会いにより,人は積極的に生きる勇気と力を得ることができる。

このようなロジャーズの来談者中心療法の方法は,高齢者のカウンセリングにおいても十分生かされ,活用できる。筆者は認知症の高齢者のカウンセリングを行っているが,この考え方による援助で認知症の人が生きやすく,周囲の人々の中で生活しやすくなっている。また,ロジャーズの来談者中心療法を活用した,傾聴活動が最近盛んに実施されているので,以下にそのことについて述べる。

(4) 傾聴―心の理解

この数年来,福祉領域,特に高齢者のケアで「傾聴」が重視されてきている。傾聴は施設入居者や自宅での一人暮らしの高齢者を訪問することにより,主としてボランティア活動として実施されている。傾聴の基本理論は,ロジャーズのカウンセリングの理論である。なぜ今,傾聴かと考えてみると,端的に心のケアの重要さが注目されるようになってきたからと言える。

高齢者のケアは,これまで目に見える具体的なケア,例えば身体介護をはじめ,入浴介助,食事介助,家事援助などが中心だったが,次第に目に見えない心のケアの重要性に関心が向けられるようになってきた。言葉によるケアと言ってもいいかも知れない。心を理解することがその他のケアと同じように重要であるという意識が浸透してきた。人をケアする際にケアの対象者一人ひとりに対する理解と配慮が必要だという考えが深まってきた。利用者に応じた心に寄り添うケアが重要視され,ケアの内容に心が含まれてきたというこ

とである。ケアの進歩ととらえられる。

心をケアすること，つまり心を理解するための手近な方法こそが，利用者の話に「耳を傾けて熱心に聴く」こと，つまり「傾聴」である。「聴く」ことが心の問題を解決し豊かな生活につながる。このことが理解されてきたのである。

「傾聴」は，一生懸命聴いて，理解することであるが，そうすることにより聴き手は，その過程で自然に話し手の人格を尊重するようになる。話し手は「話してよかった」と自然に感じる。これは話し手への心のケアになる。

傾聴により，話し手と聴き手の人間関係は変化する。これまで聴き手は，施設を利用している話し手である対象者に対して，無意識に「聞いてあげる」といった態度になりがちであったが，その関係を払拭し，話し手と聴き手が同等の関係を築き，聴き手はひたすら話し手の話をじっくり聴く。

傾聴における関係は，民主的な信頼に基づき，真に対象者を尊重する関係である。したがって傾聴はこれまでの福祉のあり方を変えるほどの大きな意味を持つといえる。

(5) 訪問による傾聴

施設には傾聴専門の職員やカウンセラーは存在せず，介護職員が介護をしながら入居者の話を聴くことがたてまえとなっている。しかし，職員は忙しくそこまで手がまわらない，というのが多くの施設での実態である。

外部から傾聴のために施設へ訪問するという形は，職員が足りないためにやむを得ない方法とも言えるが，聴き手にとっても，話し手にとってもそれはむしろ有効な方法でもある。施設入居者にとっ

て傾聴の日だけ来て話を聴いてくれる人がいて，日常は一緒にいないというのは，話した内容が日常生活に影響することがなく，心を開いて何でも話せる，という安心感と気楽さがある。決まった日に来るということにより，話し手は次回に話す内容を考えておくことができ，訪問者が来る日を心待ちにできるし，非日常的で新鮮でもある。

施設が傾聴ボランティアを受け入れることは，施設と社会とのつながりができたことになり，広い意味で施設の心のバリアーフリーとも言える。利用者の心のケアを考えることは，施設にとっても有効である。この点からも訪問による傾聴は発展していく分野だと予想される。

15-2 コラージュ療法

(1) コラージュ療法とは

コラージュとは「のり付けすること」の意味である。いらない雑誌，きれいなパンフレットなどを集めてその中から気にいった絵や写真を切り抜き，自分なりの表現を展開していくものであり，素材としては布や種々の紙，新聞紙などを使ってもよい。多くの絵から選び出されるものは，ほとんどが無意識と深くつながったものである。コラージュを作り上げる過程や得られる内容は，箱庭とよく似ているので簡便な箱庭療法とも考えられる。しかしほとんどいらない材料を使い，方法も簡単なのでどんな場所でもできるし，費用もかからず，箱庭よりも実施しやすい。絵が苦手という人にも抵抗なく受け止められる。既成のイメージを変えて自己主張のために全く

新しい発想に使うことができるなど，現代的な発想の転換などがあり，青年がやっても楽しく，もちろん子どもも喜んでできるし，障害者，高齢者にも適応できる。年齢層，対応障害範囲も幅広い。心に残るパーツを集めて，一つのまとまりとするには美的なセンスや精神的な統合力を必要とし，知的作業と言える。

(2) コラージュ療法の歴史

コラージュは歴史的視点からみると，佐野(2006)によるとキュビズム(立体主義)的コラージュとシュルレアリスムス的コラージュの流れがある。キュビズム的コラージュはピカソ，ブラックなどにより1912年頃創始された。立体に解体され抽象化された絵画に現実感を取り戻すためにさまざまな素材(紙質素材，羽毛，針金，布キレ)を用いるものである。一方シュルレアリスムス的コラージュはその本質を異質なものとの出会いに新鮮な驚きを見いだすことであると言われている。この領域では1919年頃のマックス・エルンストが先駆的人物である。版画や彫刻作品のみならず，コラージュ小説を作りだしている。日本においては1987年頃，森谷寛之，杉浦京子らによって始められ，これ以降治療に用いられ，学会やセミナーなども開かれ，研究も多くなされている。

(3) 治 療 対 象

コラージュに関心を持っているすべての人々で，心理療法や精神療法の対象者の中でコラージュに関心を持ち参加しようと思う人なら誰にでも治療法として適用できる。高齢者や認知症の人たちにも可能である。

(4) 方　　法

　特に取り決めはない。のり，はさみ，画用紙，雑誌，広告，パンフレットなどがあればできる。次の方法に分類できる。

　① **コラージュボックス法**：雑誌から切り取ることが困難な人にあらかじめパーツを切り取っておく方法。またその人に合った適当なパーツを集めておく方法。「ここにある切抜きの中から，何か心がひかれる絵を選び出し，画用紙に貼りつけて見てください」と教示して作品を作ってもらう。

　② **マガジン・ピクチャーコラージュ法**：自分で切りぬきを作れる人に対して実施する方法。「雑誌やカタログの中から好きなものや，気になるものを切り抜いて，台紙の上に好きなように貼りつけてください」と教示して作品を作ってもらう。

　③ **同時制作法**（クライエントと母などが同じ面接時間につくる）

　④ **個人制作**，⑤ **集団での制作**，⑥ **自宅制作**

(5) 制作の過程

　コラージュボックス法の場合，切り取ったパーツの中から自分の気にいったパーツを選ぶ。またマガジン・ピクチャーコラージュ法の場合，雑誌やカタログなどの資料などの中から自分の気にいったパーツを切り取る。たくさんある素材から自分の気に入ったものを選ぶことがまず大きな仕事であり，自己表現の一歩となる。この段階では先のことは考えず，まず自分にぴったりしたものを始めとして，何となく気をひくもの，あまり好きではないけれども捨てられないものなど何でも切り取っておく。次に台紙にそれらのパーツを置いてみる。この段階では，試行錯誤が必要である。何回も並べなおして納得がいくまで繰り返す。切り取ったけれどもぴったりしな

いものは省く。そして最後にのり付けする。パーツを選ぶ，切り抜く，貼る場所を考える，貼るなどの過程がある。高齢者の場合，1回ではできないかも知れない。数回に渡って作ってもよい。作品を完成させることへ関心が向きすぎないように気をつけ，作る過程，話などに十分時間をかけ急がない。そのような姿勢が，高齢者の心を開き，情緒安定につながる。

　自由に作ることを尊重して，まかせておくと自分の気にいったものを選んで，切り抜き始めたりしている。「どうして，この絵が良いのですか」と話し合ってもよい。なぜそれが気にいったかは，本人にもわからないことが多い。しかし，好き嫌いは，はっきり表現される。重度の人でも，気にいったものを選ぶことができる。

　実際に作ってみると，気にいったもの以外は置けないことがよくわかる。選択は心の深い無意識の部分とつながっている。故に作品から，作者の心を読むことができる。言葉で表現できない人々が作品で心を語っていることが多い。

(6) コラージュの特徴

　まずクライエントは，多くの写真やイラストから自分にぴったりするものを選ぶ，という作業から自由に自己表現することの開放感，楽しさを味わう。パーツは写真家やイラストレーターなどの専門家が技能をフルに使って作った作品であるから，美しく理想的に作られている。これを自由に切り抜き，貼り付けるのであるから，自分の思いを表現でき，作っていて楽しい。描画の力がなくても作品が作れる。認知症の人々も日ごろ感じていて，実現できない事柄を大胆に表現できる。台紙の大きさが足りなくてはみだして貼ったり，用紙を2枚使ったりする場合もある。作品は作者の内面を表現す

るものであり，外在する素材を使って内面を表現していると考えてよい。言葉にならない内面，作者が気づかなかった内面も表現している場合もあり，実際に制作しながらコラージュから自分の内面を知り驚くことさえある。セラピストは，クライエントが何を表現しようとしているかを理解し，クライエントの一連の作品からその物語を読み取る。

杉浦(1994)はコラージュの治療効果について，心理的退行，自己表現，内面の意識化，自己表現と美意識の満足，言語面接の補助的要素，診断材料，ラポール・相互作用・コミュニケーション媒体などとしている。高齢者の場合も同じ治療効果が得られるが，言語表現が不活発な高齢者にとっては自己表現や言語面接の補助的要素，ラポール・相互作用・コミュニケーション媒体としての効果が大きい。制作しながら，語りだす話の方が多くて話がセッションの終わりまで続くことがある。それらを大事に丁寧に聞くことにより，セラピーのほとんどの目的を達することができる。高齢者の場合，回想につながることが多い。

(7) 認知症・高齢者のコラージュ療法の実際——事例Aさん

[1回目]

Aさんは女性90歳，物静かでいつも下を向いているので寝ているのかなと思わせるほど周囲に対する働きかけは少なく，ひっそりしている。日々の生活はほとんど全面介助に近い。難聴。話しかけるとわかることなら答えてくれる。一生懸命聞いていれば理解できる。日常生活では，車いすで他者が動かしてくれるのを待っている。

はじめの数回は，コラージュの意味がわからずに皆のやっているのを静かに見ているだけであった。雑誌を見ながら「何がお好きですか？」と聞

くと「メロン」と写真を見ながら答える。自分からは，写真を手に取ったりはしない。しかしメロンの話から郷里の話や昔の話をする。海より山の方が好きで木登りをしたこと，庭にイチジクやブドウの木があったことなど話してくれた。

[2回目]（図15・1）

「おいしそうですね」とクリームパフェに関心を持ったので切り抜いた。その後，日本人形を見つけ気に入ったようなので切り抜いた。雰囲気がAさんによく似ていた。コラージュを理解できないので貼ることはできなかった。しかし，耳のそばで話すと他のことはほとんどのことを理解できるようだった。

[4回目]

自分からは切ろうしなかったが，ステンドグラスを見つけ貼っていた。キリスト教の話をしていた。ステンドグラスにまつわる思い出があるようでキリスト教に関心を持っているようだった。「親戚のI子さんが・・・」など話がはずんだが，「いろいろなこと皆忘れてしまって」と嘆いていた。断片的だが，話はよくわかった。小さな声だが，話の内容はしっかりしていてよく理解できた。話が盛り上がってきた。そしてスタッフと一緒にあわせて小声で歌を歌っていてきげんがよかった。いつものひっそりとしたAさんにも歌をうたうような元気があったのだとうれしくなった。

[5回目]（図15・2）

とても元気で，コラージュをよく理解して集中して作業しているのに驚いた。これまでと大分違う。自分の気にいったパーツを選び，いろいろ話した。昔，お花を教えていたようでお花の話を一生懸命してくれた。そして鉢植えの花や好きな食べ物など，いろいろなものを貼った。色の配合が軽やかでモーツァルトの曲のように明るく，美しく，さわやかだ。真ん中に初老の落ち着いた男性がゆったりと本を見ている。若き日のご主人か，

図 15・1　　　　　　　　図 15・2

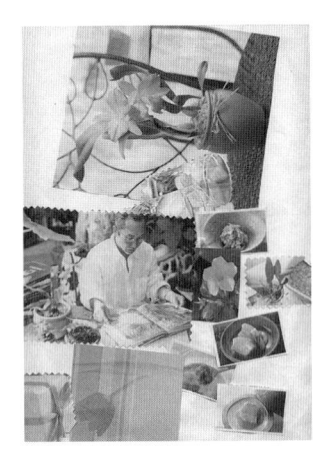

息子さんか。貼りながらおしゃべりが続く。「日本人はもっと勉強すべきだった」などと断片的に語った。セラピストが沖縄の切り抜きをさして「沖縄に行ったことがありますか」と聞いてみた。「ありません。だけど郷里のK県から沖縄の海が見えて海は怖いです」と言う。それから戦争の話になり、「戦争はよくありません」ときっぱりと言った。

　食事もミキサー食を介助されながら食べているAさんの内面にこのような強い意志と意見があることを知り驚いた。コラージュにより自己表示ができた。セラピストはAさんの人柄をよく理解でき、Aさんをコラージュを通して受容することができた。一見ひっそりとしているので存在を無視してしまいそうな高齢者の自己実現や心のケアの重要さを理解した。

15-3
音楽療法

(1) 音楽の効果

　音楽には人の心を癒す力がある。いい音楽は人を選ばず，心身の状況によらず，誰にでも作用して，病を和らげ心を豊かに気持ちを生き生きさせることができる。心を動かすだけではなく，脳波，呼吸，心拍数などの生理的な変化をもひきおこし体にもよい影響を及ぼす。心身へのリラックス感や活力をもたらす。

　音楽療法の医学的な意義を研究している和合(2004)は，「音楽には，大脳のシナプスと呼ばれる神経伝達の経路にエネルギーを与える効果があるということがわかっており，音楽療法で認知症が改善されることが知られている」「アルツハイマーの症状の改善にも音楽療法が活用されている」と述べている。

　また飯森(2004)は「ストレスの原因に騒音，雑音，不快な音，批判の声などの聴覚刺激がある。脳の働きが弱った認知症・高齢者にとっては，ストレス源である刺激は日常生活の中に氾濫し押し寄せてきているのだろう。そのため，不安や焦燥が高まり，自信も次第に失われ，耐え難い日常を送っている人もいるかも知れない。しばらくの間，静かに落ち着いた場所で，ゆっくり音楽を聞いてやさしく話しかけられたら，きっとそれだけで落ち着きを戻すに違いない」と述べている。田中(1989)は「人は自分の好むものと嫌うものとを本能的に探している。表現を態度，表情によって表す」，さらに「音刺激→音楽中枢(旧皮質＝大脳辺縁系)→快い感情→表情のような経過をとおり，よい音楽刺激は障害を軽減させる。名曲を聴いて対話を重ねると，名曲の持つ旋律，リズム，テンポなどのほか

に，音楽性なり，作曲家の感性の部分が微妙な形で患者に伝わる。不快な音刺激を避け，適切な音楽を聴かせることにより，認知症の60％はなおる。しかし，クスリだけではなおらない」と述べている。人は音楽の本質を前頭葉ではなく，もっと深い音楽中枢(大脳辺縁系)で受け止め，その効果は，表情の変化などに現れる。

日常生活の中で，認知症や知的障害など，脳に障害を負った人に接しているとその直感的な能力に驚かされることが度々ある。例えば，対人関係において自分にとって有益な人か否かを瞬時に判断する。そして，その判断能力は的確で，ごまかしたり，だますことができない。前頭葉の障害を大脳辺縁系が支え，補っているのかもしれない。音楽刺激は，人の根源的な部分を刺激し回復させ，しかも即効的に効果が現れる。ここに音楽療法の利点がある。そして音楽刺激は，積極的にも受動的にも受け止めることができる。故に障害重度の人々にも適用できる。例えば，寝たきりであっても音楽を聞くことにより，その効用を受け止めることができる。もちろん積極的に演奏活動に参加することができれば，もっと大きな力を受け止められるだろう。音楽は幅広い治療手段である。

(2) 音楽療法とは

音楽療法は「音楽のもつ生理的，心理学，社会的働きを用いて，心身の障害の回復，機能の維持・改善，生活の質の向上，行動の変容などに向けて音楽を意図的・計画的に使用すること」(音楽療法学会の定義)である。

音楽療法の方法として聴取的方法(鑑賞)，集団歌唱療法，合奏療法，即興演奏法などがある。どのような方法をとるにせよ，音楽の専門家でない者が実施する場合の限界はある。したがって対象者に

あわせて音楽を選ぶこと，対象者が心地よく楽しんでいるか否かをいつも検討し，方法や手段を選ぶことが重要である。

・**心理療法としての音楽**

　音楽を治療法として取り入れる場合，音楽に精通している音楽療法家が実施するのが望ましいが，そうでなくても心理療法の一つとして，実施することは可能である。楽器が使いこなせなくても，対象者の心をよく理解できる力があれば，音楽の力をかりて，対象者の心を安定へ導き，広げ，豊かにできる。優れた音楽はそのような力を持っている。また認知症・高齢者も音楽を受け止める能力をもっている。

　音楽は聞くことばかりでなく，演奏したり，歌ったりすることにより，自己表現が可能である。演奏といっても難しいものではない。音楽にあわせてタンバリンや，太鼓を打ったりして自己表現ができる。また小学唱歌などのやさしい歌をうたうことも音楽療法のなかに含まれる。

　ひと時を音楽とともに，心豊かにすごせることは，誰にとってもそれだけで楽しいことである。音楽療法に固定観念を持ち込まないで，対象者にあわせて，気軽に楽しむことで実施することが重要である。筆者の体験ではクラシックを聞く時は，曲名を紹介し本当の音楽会のように拍手してからはじめたら高齢者は真剣に聞いた。5分程度で終わる曲だが，その間は皆，ひとことも話さず静かに音楽を体で受け止めるように聞いていた。そして終わると再び拍手した。

　今，いい音楽は種々の手段で聞くことができ，技術の不足分を補うことができる。また必要に応じて音楽の専門家も一緒に入り，必要な演奏は音楽家により進めていくこともできる。一人ずつ感想を聞いたり，音楽にまつわる回想を話してもらいながらゆっくりと進

めることが重要である。

(3) 音楽療法の一つの展開

①セッションの前後に数曲歌をうたう。

好きな歌や小学唱歌をセッションの前後に歌う。セラピーのはじめに大きな声で歌うことは，主体的にセラピーに参加するという意味にもつながる。そして最後に再び歌うことでセラピーは終わる。

②音楽演奏　簡単な楽器で皆と演奏する(図15·3)。

(4) 音楽鑑賞

①クラシック音楽を鑑賞する。最初は5分から始める。

②クラッシク音楽を聞いて印象をスタッフと話す。

③クラシック音楽＋色⇒音楽の印象を色で表す(図15·4)。

初めにクラシックを5分間聞く，最初はやさしくて，わかりやすい曲ということでエルガー作曲「愛のあいさつ」を用いた。部屋中がしんとなって音楽会のようになり，その集中力に驚いた。次に音楽について自由に話した。音楽との関わりは各自，興味の幅も深さも違っていた。心が落ち着く，安心する，などかなり的確な感想

図15·3　簡単な楽器を演奏する　　図15·4　音楽の印象を色で表現する

が得られた。感想を簡単に言えない人には音楽にあう色を選んで，自由に塗ってもらった。音楽を心でどのように受け止めたかを色にしてもらうと，その人の音楽の受けとめ方が理解でき，作品が後に残り治療の変化を見ることができる。

④音楽＋抽象的な絵

抽象的な絵を数枚用意し，音楽の感じを色で表現してもらった。この時は，音楽は主としてモーツァルトのやさしい曲を選んだ。音楽を聞き，その印象を抽象的な曲線の多い図に色をつけるのである。ただ塗るよりも，枠があった方が安心して表現できる。「音楽は普遍的な言葉」「音楽は言葉で語れない神秘だ」と言われるが，言葉には表せないその情感を色と線で表現してみる。次第に音楽のジャンルも広がり，ビートルズなどの音楽も聞けるようになった。絵も自由に描くようになってきた。芸術は言葉以上の感動と表現を可能にし，他者に伝えることを可能にする。一緒に音楽を聞いているスタッフと対象者の間では言葉以上のものが行きかい，言葉の衰えてきた高齢者は見事に感動を色であらわすことで表現できた。

(5) 歌＋未完成絵画⇒お話

歌が定着してきて，毎回歌うようになってきた頃，セラピーで実施している未完成絵画と歌を結びつけてみた。未完成絵画は，情景の一部が描いてあって，それを完成させ色をぬるものである（図**15·5**）。

5月のさわやかな日，茶つみをしている状況を思い浮かべ，難しいところはすでに描かれている絵を完成させる。自分が必要と思われるものを付け加え，きれいに色塗りをする。この図の場合，付け足すことはできず，色をぬるだけになっている。できた絵について

図 15·5　茶つみの歌の色ぬり

図 15·6　「春」の歌

お話をする。これも楽しくて絵を描くことにより、歌が現実味を帯び、話の内容が深くなった。高齢者に必要な頭の訓練がいくつも含まれ楽しいセッションに発展していった。

歌は季節にちなんだ歌を中心にした(図 15·6)。春ならば「春」「エーデルワイス」「茶つみ」、夏なら「海」、秋なら「紅葉」、冬なら「雪」。次第に季節の歌でも皆の好きな歌が決まってきた。

(6) まとめ

日常的に実施している音楽療法の展開をまとめてみた。音楽療法という硬い枠組みでなく、自然にセラピーの中に音楽を取り入れた一つの治療法を示した。音楽は精神的に有効であるとはわかっているものの、時間の経過とともに消えてしまうのでそのような効果を把握するのが困難である。そこで、音楽から得られた感動を色、形、などのイメージに置き換えて表現してもらう試みでもある。その結果、聴覚刺激をイメージに変え、他者にも了解できる形で表現が可能であった。これは、認知症高齢者にも適用でき、表現された作品をまとめることにより音楽の効果を測ることができた。

15-4 化粧療法

(1) 化粧療法とは

　化粧療法は、一般的な化粧がもつ人をひきつける強さを利用して、高齢者の情緒の安定や認知能力の向上をめざして生活の改善を得ることを目的とする治療法である。なぜ化粧か。①高齢者の関心が強く、認知症の程度が重くても容易に採用できる。②最終的には自分で化粧することにより自立への指向を高められる、と考えられるからである。また化粧は社会性を内包しているので、社会性を失いつつある高齢者が対人や社会への関心をひき起こすこともできる。

　認知症高齢者を対象に化粧を用いた研究には伊波ら(1993)、浜ら(1992)があり、化粧により情緒や行動の安定を得たという結果を得ている。

　また最近、美容福祉師という新たな職種ができ、介護の現場で美容を認知症・高齢者へとりいれ生活の質の向上に効果をあげている(木谷、2007)。

(2) 化粧の効用

① 心理的効果

　自己へ関心をむけ、自分の欠点をカバーし、自尊心、自信を高めることができ、結果として積極的な行動を促す。あらたな可能性を見いだし、向上心が高まり生活にハリが生まれる。

② 身体に与える影響

　顔の手入れ、マッサージなどは肌からの刺激となり、化粧品の香りも快刺激となる。これらは大脳皮質を活性化し、内分泌系の働き

を活発にする。このことは自律神経を安定させ免疫を高め、気分の安定をはかる。結果的に化粧は健康回復、維持・促進する。

③ 社 会 性

化粧は無意識に対人関係を想定している。化粧する時は、会う相手を考慮するし、午前か午後か夜かなどの時間や、勤務先か喫茶店か野外かなど場所、仕事かパーティかなどの目的を考え、それらにふさわしい化粧をする。つまりTPOを意識しており、漠然と毎日同じ化粧をしているわけではない。そしてなにより、いつでもどこでもどんな目的でも自分をより美しく見えるように短い時間のなかで懸命に工夫する。自分の存在を他者に認めてもらいたい、高く評価してほしい欲求がひそんでいると言える。

④ つなぐものとしての化粧

化粧は対人関係を強く意識してなされ、仕事や社会との関係であることが多い。すなわち化粧は人を仕事や社会とつなぐと言える。つなぐと言う視点からみるなら社会と福祉、健常者と障害者、とじこもりの人と他者をもつなぐことさえできる。自分の内面を見るなら心と体をつなぐとも言える。

⑤ ひきだす・ひきつけるものとしての美容

化粧がきっかけとなり若き日の自分を回想し、若さ、能力を呼び起こすことができる。認知症高齢者の潜在的能力は化粧によりひきだせることが多い。美しさはエネルギーを持ち、人をひきつける。

(3) 化粧療法の実際

高齢者施設で化粧療法を実施してきているが、特別養護老人ホームで実施した化粧療法の実際について次に述べる。

① 対象者　特別養護老人ホーム利用者9人(A〜I：80歳〜96

歳・平均 86.3 歳)全員女性・要介護度 2～4

② セラピー実施期間　隔週1回，5か月10回

③ セラピーの内容

化粧を中心とした心理療法で次の通りである。顔や手のマッサージ，化粧水や乳液をつける。ファンデーション，口紅などをつける。以上の過程をセラピストと一緒に段階的に行うが，最終的には自主的に化粧ができることをめざす。化粧はセラピーのひとつとして実施しているので化粧しながら心理的，個別的関わりを深めていき，受容的な会話を中心に進めていく。

④ 効果測定のためのテストの方法とその目的

・長谷川式認知症スケール(HDS-R)による知的検査。セラピーの最初と最後の2回の個人面接の中で実施した。セラピーの効果が知的な側面とどのように結びついているかを検討するためである。

・GBSスケール(14章参照)

　セラピー前後に，対象者をよく知っている施設職員に実施してもらい，認知症高齢者の実生活にセラピー効果が反映されたか否かを検討する。

(4) グループ全体のテスト結果と考察

① HDS-R の結果

表 15·1 に示す通りで，全体として治療前後で有意差 0.05 で知的能力は上昇した。個別にみると6人が上昇し，D・F・Hの3人は治療前後ともに1問もできず変化しなかった。彼女らは，得点の上昇は見られなかったが自分で化粧を始めたり，言語活動が活発になるなど積極性が増し，行動面での変化は大きかった。一方，

表 15・1　HDS-IR の結果（個人別セラピー前後）

	A	B	C	D	E	F	G	H	I	t 検定
セラピー前	17	1	10	0	2	0	0	0	13	
セラピー後	20	10	13	0	9	0	3	0	22	$t<0.05$

表 15・2　GBS の結果（個人別セラピー前後）

	A	B	C	D	E	F	G	H	I	t 検定
セラピー前	7	53	15	52	71	84	64	119	30	
セラピー後	3	44	9	46	55	83	39	116	30	$t<0.05$

B・E・I の 3 人の上昇は著しいが，B・I は難聴があり最初のテスト時でセラピストとの疎通が不十分であったかもしれない。治療を通して言語理解が改善し人間関係が深まったことが，得点の上昇につながったと思われる。E はいつも治療の時間を心待ちにし，能力以上のことに熱心に取り組んだ結果，上昇したと思われる。

② GBS の結果

表 15・2 に示す通りである。この尺度は値が低いほど認知症症状が低いことを示している。全体として治療前後で有意差 0.05 で改善がみられた。HDS-R が 1 問も通過しなかった D・F・H の 3 人の中で F・H は，GBS もあまり変化しなかった。認知症が重い場合，日常行動も容易には変わらないといえる。E・G は GBS の向上が著しく，E の熱意はここにも効果として表れている。

(5) 考察—認知症・高齢者へのセラピーとしての美容の意味

① イメージをひきだす誘因の強さ：鏡をみる，化粧水をつける，乳液をぬるなどの段階をクリアするように，段階的に方法を考えたが，予想を越えて，最初は鏡を見ることに躊躇していた高齢者が 1,

2回試みるうちに皆が自発的に化粧をし始めた。化粧はイメージを呼び起こす強い力を持っていることがわかった。

② **習慣の呼び戻し**：化粧は，高齢者にとっては，生活習慣の再生であり，あらたに行動を習得することではない。昔はいつもしていたなじみの行動である。したがって化粧を始めればすぐに思い出す。実際その再生は早かった。軽度の人ばかりではなく，重度の人も化粧品を手渡して，数回，手伝ってあげるだけで自分からはじめるようになった。

③ **自尊感情の呼び戻し**：自分で化粧して，いつもと違う自分を発見し，「私もきれいになる！」と感じた時，自尊感情に結びついた高次の欲求がみたされ，それは大きな喜びとなる。

④ **セラピストとの人間関係**：「Aさん，もう少し眉は薄い方が良いと思いますよ」とセラピストBがちょっと直してあげる。「そうね。これじゃ，お祭りみたいだもんだね，Bさんの肌はきれいだね」とスタッフがほめられ，対象者とスタッフが同じ立場で会話ができる。不思議なことに認知症の方も全く普通におしゃべりができる。さらに2人の間にスキンシップによる密接な関係が生まれた。

⑤ **自己実現の援助者としてのセラピストとの関係**：化粧の介助は，身体介護等とは違った意味を高齢者に与える。化粧は，最低必要な身体的介護ではなく，しなくてもすむ介護に属し，高次のケアである。故に化粧療法は高齢者にとってうれしいことなのである。化粧を手伝ってくれるセラピストを「私が人として生きることを大事にし，援助してくれる人」としてとらえる。その関係から日常的な介助とは違った満足を得ることができる。

⑥ **社会性の惹起**：化粧は人の高次の本能的な欲求と結びついているが，他の欲求と異なり社会性が内包されている。美しいという

判断は，他者にゆだねられている。そこでスタッフらが化粧を認めると効果は増す。

⑦ **自立へのステップ**：ケアされることが多かった人が，自分で化粧することから身近な自立への手がかりを得ることができる。

⑧ **外出願望**：自分で化粧したあと高齢者は「どこかへ行きたいね」と自然に言うことが多い。

きれいに化粧するということよりも，化粧が内包している種々の効力を治療に生かすことが化粧療法の目的である。化粧により，これらの前進がみられ，テストの結果として知的，日常生活上，自己認知，感情表現などの上昇として把握できた。

15-5 自律訓練法

(1) 自律訓練法のはじまり

自律訓練法(autogenic training：AT)はシュルツ(Schultz, J. H.)が催眠からヒントを得て，一般向けにその効果を利用できるように工夫したものである。その発端は大脳生理学者フォークト(Vogt, O.)の研究からはじまる。彼は1890年頃から催眠と睡眠の関係について研究していたが，賢い患者たちは催眠誘導の方法を覚え，自分で催眠状態になることができることを発見した。つまり，催眠は他者から暗示をかけられて成立するものだが，患者は自己催眠ができるということである。しかも何回も自己催眠による催眠状態になることにより，疲労，頭痛，緊張が軽減するなど健康回復の効果があることを報告した。

(2) 自律訓練法の効果の源

　フォークトに刺激されて、シュルツは患者に催眠暗示を行ってから、どんな感じがしたかを尋ねた。患者の大多数の人々は2つの主観的な感じを報告してくれた。一つは両腕，両脚がひどく重たいという感じであり，もう一つは両腕，両脚が温かい感じであった。彼はこの2つが普通の意識状態から催眠状態へ意識が変化するときの本質的な意識状態の変化だろうと推論した。ということは、逆に両腕、両脚が重たい感じや温かい感じを引き起こせれば、催眠と似た状態を起こせるかどうかが問題となった。実験的検討を重ねて、身体的感覚を中心とした一連の自己暗示の系列が組まれ、標準的なやり方として6公式ができた。この公式に従えば患者は他者から暗示をかけられなくても、催眠現象と同じ現象をひきおこすことができることがわかり、種々の効果が期待できることがわかった。これは健康な人に対してばかりではなく、神経症、精神病の治療にも効果を示すことがわかった。特に不安、緊張、恐怖などを主症状とする神経症、心理的な緊張感が影響する心身症などに対してである。

(3) 練習の実際

　準備から始まって公式を1つずつ段階的に丁寧に実感できるまで練習する。

　　6公式：—標準練習について—

　　・準備：弛緩しやすいような状況を整える。心身の緊張をゆるめる状態。
　　・練習姿勢：仰臥（あお向けに寝た姿勢），いすに座った姿勢（背もたれのない椅子，安楽椅子）などがある。
　　・閉眼，軽く眼を閉じる。

・公式：(頭の中で繰り返して暗示する内容)
・背景公式：「気持ちが落ち着いている」

「落ち着いている」状態を自覚する練習は，むきになってがんばらない，公式に対してさりげない注意をむける。このような態度全体を受動的注意集中といい，自律訓練法において重要かつ基本的な態度である。

・第1公式(重感練習)「両腕，両脚が重たい」
・第2公式(温感練習)「両腕，両脚が温かい」
・第3公式(心臓調整練習)「心臓が規則正しく打っている」
・第4公式(呼吸調整)「らくに呼吸している」
・第5公式(腹部温感練習)「おなかが温かい」
・第6公式(額部涼感)「額が涼しい」

(4) 自律訓練法の効果

佐々木(1996)は自律訓練法(AT)がどうして効果があるのかについて生理学的見地から次のように説明している。心身全般の変換を得るための生理的で合理的な訓練法である。①緊張から弛緩へ，②興奮から沈静へ，③交感神経優位状態から副交感神経優位状態へ，④エネルギーを利用しやすい心身の体制からエネルギーを蓄積しやすい体制へ，⑤反ホメオスターシス状態から向ホメオスターシス状態へ変換させる訓練である。ATが心身症に有効であるとされているのは，心身症のもっとも大事な機能である脳幹部の調整をめざすからである。

ATは，短い言葉を何回も繰り返すことにより，暗示により意識状態を変化させ(変性意識状態)，最終的に生理的変化を実現させる。生理的変化については皮膚温の上昇を始めとして，脳波，筋電図，

心電図,指尖脈波,皮膚電気反射,呼吸,血圧などからの客観的な検討がなされている。

心理学側面から池見(1983)はATの効果は一律でなく,達成される意識変容の度合いによって違ってくるものと思われる。ATなどの方法を「何回行ったか」といった記述よりも,どのような段階の変性意識が起こったかを記述した方がいいと述べている。

梅田(1982)は,集団指導3年後のアンケート調査研究において,6か月のATの指導を受けた人を3年後に調べた結果,練習していない群は進歩しないが,練習を続けている群は全員進歩している。練習量の多い人ほど進歩しており,心身症の予防,疲労回復,就眠法,良好な人間関係形成をしていたと述べている。しかし,奏功機序は今なお判明していない。

(5) 高齢者施設での実施

【対象】 特別養護老人ホーム入居中の認知症高齢者の2人の女性(A, B)。年齢はともに86歳である。認知症の程度は2人とも中度で要介護度3である。HDS-RでAは6点,Bは5点であり,知的には低い。Aの方が社会性があり,身辺のこともよくできる。Bは,1対1では会話が可能だが,妄想様の発言があり,見当識もなく,施設に入居していることがわかっていない。

ATを実施することについては数人に「健康法の研究に協力してくださいませんか」と声をかけた結果,A,B2人が応じてくれた。

【練習方法】 施設内の静かな場所で週2回,2か月間実施した。背景公式を丁寧に行い,第1,第2公式を十分習得してから,第3～第6公式を順次加えた。1回の練習につき,2セッション行い,1セッションごとに各自で1分間練習してもらい,終了後に感想を求めた。セラピー以外にも練習

するように促したが，Aは練習の必要性を認めながら実際には実行できなかった。Bは実行不可能だった。2人ともセッションにおいてAT練習は可能であり，繰り返しにより暗示は記憶に残り，練習の効果が認められるようになってきた。

【結果】

・Aの練習経過における目立った発言

  1回目　1・2公式　何とも言えず気持ちがいい

  5回目　1・2公式　頭が空っぽ　せいせいして無心の状態

  7回目　3公式まで　体を意識した　体がポカポカ

  10回目　4公式まで　何とも言えない，いい感じ

  11回目　4公式まで　自分の気持ちが体の中へむかっている

  13回目　5公式まで　手が届かない所に触れるような感じ，内臓ですね

  14回目　全公式　自分の世界で一休みしたような感じ

  16回目　全公式　自分を取り戻したような感じ

・Bの練習経過における目立った発言

  1回目　1・2公式　温かくなった　空っぽ

  2回目　1・2公式　生温かいような感じ，ここら辺(ももの辺り)が温かくなりました

  3回目　1・2公式まで　先生の言うとおりです

  4回目　1・2公式まで　特に感想なし

  5回目　1・2公式まで　なんといったらよいかわからない，いい気持ち

  6回目　3公式まで　ことばが出ない

  7回目　3公式まで　手がピンとのびた

  8回目　4公式まで　Aの言ったことと同じです

9回目　5公式まで　先生のおっしゃるとおりです

10回目　5公式まで　ここ(AT)にいれていただいてよかったなと思った

14回目　全公式　ただ無です

16回目　全公式　ホッとした

　　　　練習を続けていく中で，ことばは変化していった。後半は，ふたりともあるがままを認めるといった態度でかなり安定できた。

A, Bの練習中のことばのまとめ

	練習前期	中　期	後　期
	身体感覚	心身の感覚	あるがまま

Aのことば

気持がいい	⇒	体がポカポカ	⇒	無心の状態
ぽかぽか		何かが体で起こっている		明けがきたような感じ
				自分を取り戻した感じ

Bのことば

| 温かい | ⇒ | いい気持ち | ⇒ | ATをやってよかった |
| 表現できない | | ホッとした | | ここにずっといたい |

【考察】

1. **練習についての理解**：AT実施の了解については，Aは理解できたが，Bは困難でセラピストとBとの間で次のような会話がなされた。T(セラピスト)「健康法をいたしましょう」　B「何やるの？」　T「健康法です」この繰り返しを数回繰り返したあと，理解できたようで実施することに了解した。

2. 習得状況：AのATに対する反応はかなり良く，1回目から「気持ちがいい」と感想を述べた。練習をかさねるにつれ「温かい」，「頭が空っぽ」などの表現がでてきた。自分の気持や心身の状態を述べることができている。特に第5公式では，「自分の身体を意識した」「内臓に触れるような感じ」などと自分の体の感じをことばで表現している。

Bは日常的には，一方的な会話になりがちで，対話は難しいがATの感想を述べることばは適切で驚くことが多かった。実感としてATを受け止めていることがよくわかった。訓練中の態度も慎重で，セラピストのことばをじっくり聴いていた。当初，閉眼することが難しく，途中で開眼し，質問や感想を述べたりしていたが，5回目頃より練習に集中し，閉眼も可能となった。また初め能面のように無表情で感情を現さなかったが7回目頃より，自然な笑顔が浮かぶようになり，情緒的な感情表現ができるようになった。毎回，練習後いろいろな話が進み，Aは自分の人生で得た過去の話，知恵，人生観などを語った。BはAに対して「いいですね」「うらやましいわ」「そのとおりです」などと合づちを打っていた。2人の間でことばによる交流が可能になった。また2人ともATの練習は楽しみにしており，セラピストに対して親しみを込めたことば，表情，態度で迎えてくれた。練習過程において明らかになったことは，①ATによりリラックス感を習得し，②ATによる身体的な反応を多く体験し，③現状を受け入れる姿勢ができたと言える。また④自分の体験をことばで表現することができ，次第にまとまりがでてきた。⑤さらに対話が可能になった。このことは，ATによる言語能力の向上が確認できたことであり，認知能力向上の可能性が示されたとも言える。

ここで重要なことは，AT習得の際のセラピストとの人間関係である。セラピストの受容的でかつ，支持的な態度は，彼らの精神状態を安定させ，能力をひきだす重要な役割を果たした。ATは丁寧に説明し，公式を繰り返せば，認知症の人々にも習得は可能であり，効果を得ることができる。基本的に包み込むような接し方をすれば，重度の認知症の高齢者にも心理治療は可能なのである。

15-6 箱庭療法

(1) 箱庭療法とはなにか

　箱庭療法(sand-play therapy)は，1930年代に英国の小児科医ローエンフェルト(Lowenfeld, M.)が，遊戯治療として用いたものに端を発する。当時は「世界技法」と称し，砂箱とミニチュアとで自由に自らの世界を表現するものであった。その後，この世界技法は，治療的側面と診断的側面にわかれて発展した。診断的側面は，ビューラー(Bühler, C.)により標準化され「世界テスト」とよばれアメリカで研究された。

　一方，治療的側面は，スイスの心理臨床家カルフ(Kalff, D.)に受け継がれた。カルフはユング(Jung, C. G.)のすぐれた弟子であり，自らの治療実践で箱庭療法をユング心理学の分析により理論づけ，その効果を示した。対象者は，はじめ子どもであったが，次第に大人へと広げられた。

　日本では，1965年に河合隼雄により「箱庭療法」として紹介された。わが国には古来から「盆景」といった，小さな空間に種々の景観を作り心の安らぎとして楽しんでいた伝統があり，箱庭を容易

に取り入れ，発展させる土壌があった。その後，箱庭に関する研究や治療は，熱心に続けられ，実際に大学，研究機関，各種相談所，病院，学校など多くの場所で効果をあげている。箱庭に使われる用具は，内法 57 cm×72 cm×7 cm の砂箱（内側が青く塗ってある）とミニチュアである。箱内には砂を適度に湿らせて，3分の2程度入れておく。ミニチュアは人間，動物，植物，建造物，自動車などで，規定のものはない。手作りのものでもクライエントが持ってきたものでもよい。

(2) 箱庭療法の適用

高齢者が興味をもった場合に作ってもらう。教示として「この砂箱とミニチュアを使って自由に作りたいものを作ってください」という。高齢者は喜んで作り始めることが多いが，なかには拒否する場合もあるので，そのような時には無理に作らせることはしない。カルフは，許容的なセラピストのもとで自由に作ることの意味を重視し，それはあたかも人が生まれてのち，数年を母と一体で過ごす日々の再現であるという。「自由であると同時に，保護された空間」で，クライエントは治療者との間で強い信頼関係を持ち，精神的安定感を得，弱くなった自我を回復させ精神的なエネルギーを得ていく。

箱庭の作品は作者の内面を象徴的に表現しており，ミニチュア一つひとつが作者にとって重要な意味を持っている。その意味をセラピストは共感的に理解する。作者が気づかずにいる深い意味を受け止めることにより，治療が成立する。河合は，「治療者がそばにいて，終始許容的な態度でその作品が出来あがっていくのをクライエントとともに味わい，楽しむような気持でそれに接していること」

が，重要だと述べている。

(3) 箱庭の理解

 実際の治療では，一つひとつの作品を見ることが大事だが，同時に一連の作品をシリーズとして見て，箱庭の変化からクライエントの心の動きを理解していく。断定的な解釈はできないし，批判的な発言はクライエントの意欲をそぎ，継続して作っていく場合一連の流れを止めてしまう。したがってクライエントとともに作品をみて，味わうことが大事だ。

 たくさんの作品を見ていくうちに，作品を深く理解できるようになるが，ここでは初心者が作品を見る時に参考になる点をあげてみる。

 まず，はじめに全体的な印象をつかむ。ミニチュアの配置，空間の使い方，ミニチュアの種類，情景などを把握するが，筆者は箱庭全体の色遣いにも注目する。色遣いについては注意を向けられることは少ないがどんな色のミニチュアを使っているかは，全体的な印象に多大な影響を与える。次にこの箱庭のテーマは何かについて考え，細部へ関心を向ける。もっとも大事なミニチュアはどれか，作者が自分を投影していると思われるミニチュアはあるか，特に象徴的に理解されるミニュチュアがあるか，などである。ユング心理学において象徴は内面の投影と考えられ，その意味について，神話，伝説などに基づいて解釈される場合があり，その意味を知っておくと理解が深まる。

(4) 箱庭療法による治癒

 箱庭を作っているうちによくなってくるのはなぜだろうか。いく

つかの要因が働いて全体として治癒へむかうものと考えるが、もっとも重要なのは、箱庭を作る際に必要とされる「自我を統合する力」が養成されるからと筆者は考える。ミニチュアを前にすると内面の意識や、無意識の混沌としたものが気持ちを動かす。ミニチュアを置くことはその気持ちを整理して、選択することである。選ばれたミニチュアは、全体のなかでマッチしていなければならない。そのときに働く精神機能は、全体のバランスをとり統合する力である。それは、実社会で行動を選択し、実行に移す過程に類似している。つまり社会に適応する際に働く精神活動を箱庭で行っていることになる。

それらの機能を十分発揮させるためには、セラピストの温かい、受容的な人間関係が大事である。つまりそうした安心できる状況でクライエントは、自分自身を統合し、表現することが可能になる。クライエントはできた作品（自分自身）をセラピストと一緒に見ながら、さらに自己の内面を語り、深く理解してもらうことができる。その過程を繰り返しながら、クライエントは次第にセラピストから独立し、成長することができる。このようにセラピストと一緒に作品をみて語り合えるということは治癒のもうひとつの大きな要因になる。

(5) 実際の箱庭療法の紹介

高齢者の作品に表されるものには回想が多い。その中のひとつを紹介する。

[事例]　Aさん、女性、92歳、介護度4。安定しているが、時々介護者を拒否することがある。

最初に木を砂箱の真ん中に置き根をぐっと入れた。「これミカンの木。

15-6 箱庭療法

図15・7　Aさんの4回目の作品

父親が庭に植えたの。実のなる木。おいしそうでしょ。こうやってパクっと食べる」とジェスチュアーを交えて説明した。次にすべり台を置き，「昔よく遊んだ。お尻がすりきれる位，真黒になる。今，遊ぶ子いないわね」と言う。次に「これは，ちょっと昔はなかった」と言いながらテレビを置いた。次に蔵を置き，「蔵ね…。昔は蔵があったけど，今はないわね。蔵の中にはお味噌とか色んなものがあった…。ひんやりして物が腐ないのよね。あとね，よく叱られた時，こら，そんなことするとお蔵に入れるぞって…」「それとね，暗いのよね…お蔵は…」。外に外灯を置き，続けて鳥居を置いた。「こんなのも，今はないわね」と言いながら「ここは，どこの細道じゃ…天神様の細道じゃ…♪♪」と歌った。鳥居を見て，「天神様には必ずブランコがあったわね」と付け加えて言った。最後に箱庭について，「これは(箱庭)面白いわね。子どもに戻ったみたい…」と感想を述べた。

　お尻が痛いほど元気にすべっていた女の子も，その辺を大声で走りまわっていた男の子も今はいない。賑やかな思い出と裏腹にこの箱庭は，寂しく，はかなさが感じられる。

懐かしい場所で、懐かしいものたちを眺めているのは、中年の女性である。多分本人と思われる。過去の物は今はない。しかし忙しく走るように行く救急隊員と白いカモメが、今も生きづいていることを知らせ、その寂しさを救ってくれる。救急隊員は彼女の寂しさ、老いを救ってくれるのだろうか。見たところ脈絡なくただ気に入ったもの、思い出に残るものを置いているように見えるが、本人にとっては、すべて意味があり、全部つながっている。ミカンの木は何回も出てきて、父の思い出とつながる重要なものである。たくさんのミニチュアの中から思い出につながるものを選んで並べて語り、現在にまでつながる一つの物語ができた。そしてセラピストはクライエントと回想を共有できた。

◀まとめ▶
❏ 高齢者の心理療法としてロジャーズが提唱した来談者中心療法がある。来談者中心療法の基本的な仮説は「個人は自分自身の中に自分を理解し、自己概念や態度を変え、自己主導的な行動を引き起こすための巨大な資源を持っている」というものである。
❏ コラージュ療法とは、気にいった絵や写真を切り抜き、自分なりの表現を展開していくものである。自分にぴったりするものを選ぶ、という作業から自由に自己表現することの開放感、楽しさを味わう。描画の力がなくても作品が作れる。高齢者は日ごろ感じていて、実現できない事柄を大胆に表現できる。
❏ 音楽療法は「音楽によって心身の障害や機能の回復、維持・改善、生活の向上に向けて意図的・計画的に行われる」療法である。
　認知症や障害をもつ人々にも直感的な能力は残存しており、音楽刺激は、そのような人の根源的な部分を刺激し回復させ、しかも即効的な効果を現わす。
❏ 化粧療法は、一般的な化粧がもつ人をひきつける強さを利用して、認知症・高齢者の情緒の安定や認知能力の向上をめざして生活の改

善を得ることを目的とする治療法である。
- 自律訓練法は自己催眠状態になることにより，疲労，頭痛，緊張の軽減など健康回復の効果が認められ，さらに神経症，心身症にも効果があることがわかった。近年，適応範囲が広がり，高齢者に対しても同様の効果を得ることがわかってきた。
- 箱庭療法は砂箱にミニチュアを使って自由に作りたいものを作るものであるが，高齢者は喜んで作り始めることが多い。そして，治療者との間で強い信頼関係を持ち，精神的安定感を得て，弱くなった自我を回復させ精神的なエネルギーを得ていく。箱庭の作品は作者の内面を象徴的に表現している。

◀より進んだ学習のための読書案内▶

氏原　寛・東山紘久（1992）．『カウンセリング初歩』ミネルヴァ書房
原千恵子（2009）．『傾聴・心を聴く方法―高齢者支援のための理論と実際』学苑社
北本福美（2002）．『老いのこころと向き合う音楽療法』音楽の友社
田中多聞（1989）．『第五の医学　音楽療法』人間と歴史社
河合隼雄(編)（1969）．『箱庭療法入門』誠信書房
ドラ・M・カルフ／河合隼雄監修（1972）．『カルフ箱庭療法』誠信書房

◀課題・問題▶

1. ロジャーズの来談者中心療法について述べよ。
2. 高齢者のコラージュ療法について述べよ。
3. 高齢者の音楽療法について述べよ。
4. 高齢者の化粧療法について述べよ。
5. 高齢者の自律訓練療法について述べよ。
6. 高齢者の箱庭療法について述べよ。

課題・問題の解答，考えるためのキーワード

1章 老年心理学の歴史と発展

1. 老年心理学は老年学を心理学的見地から研究するものである。人の一生の発達を受胎から死に至るまでの長いスパンと考える発達観に基づいて，質の低下や減量をも視野にいれて人生の後半の発達を中心に研究するものである。その発達区分は一般的に，①乳幼児期，②児童期，③青年期，④成人期，⑤老年期に分けられている。

2. アメリカでは1970年代において，生涯発達研究が盛んになり，すべての心身の機能が成熟期以後，量，質ともにどのように変化(発達・衰退)するかについての研究調査が盛んになった。そして成人期以降の精神機能が必ずしも衰退するとはかぎらないことが確認されるようになってきた。老年期になってますます活発に活動し，学習意欲旺盛に生き生きと生活している高齢者は幼児期，児童期，青年期，成人期をどのように生きてきたか，ということに関心が持たれてきた。つまり人生全体を視野において，到達点をモデルとして，今をどのように生きるかを考えたのである。

3. もっとも大きな理由は寿命が長くなったことである。長生きは人類の願望のひとつであるものの，明るい面ばかりではない。多くの側面から老いの問題に直面し，解決をせまられている。そのための研究は必須である。また老い自体は，すべての人々にとっての将来像であり，老いても幸せに，満足して一生を終えるために，心理学的側面から追求することは老年心理学の課題でもある。

2章 高齢者の状況

1. 65歳以上の高齢者人口は毎年増加し，高齢化率は22.7%となった。国民の5人に1人以上が65歳以上，10に1人が75歳以上である。

75歳以上の人口増加数は，65〜74歳人口の伸びを上回る増加数である。
2. 65歳以上の人々に対する健康に関しての調査では，千人に対しておよそ半数が自覚症状があると言っている。しかし，健康上の問題で家業，運動等に影響のあるものはその約半数である。国際比較では日本の高齢者は「健康である」という意識は高い方である。
3. 高齢化問題を社会の衰退ととらえるのではなく成熟した社会がさらなる次の発展へ向けるための超えるべき課題としてとらえるという見解もある。

3章 生涯発達における発達段階
1. 老年期は第8段階にあり，その発達課題は自我の"統合 対 絶望"である。そしてそのバランスから生まれる力が"英知"である。
2. 老年期には加齢に伴う身体面の変化，定年退職などによる仕事からの引退，配偶者の死など，環境の変化が大きく，喪失体験が多くなり，それらの変化に適応し，あらたな社会的役割を獲得していくことが課題となるであろう。
3. ①老化にともなう身体的変化に対する対応，②新しい役割へのエネルギーの再方向づけ，③自分の人生の受容，④死に対する見方の4つを挙げている。

4章 老化の概念
1. ①普遍性，②内在性，③有害性，④進行性
2. 内臓機能で，各臓器に共通して言えることは，細胞数が減少することであり，多くの臓器は委縮する。これらの変化が内臓機能の低下につながる。筋・骨格機能も細胞数が減少する。筋肉では，筋線維の減少と委縮がみられ，筋力が低下する。骨格については，カルシウムが減少するため，骨密度と骨量が減少し，骨粗鬆症などになりやすく，転倒による骨折が多くなる。また関節にある軟骨がすり減ったり，変形するため，痛みや動きの制限が出てしまう。

5章 高齢者の心理学的状況
1. 老年期の人格変化を考える場合，世代間の価値意識の違い，教育，

課題・問題の解答，考えるためのキーワード

文化や社会制度の違いなどがさまざまな形で人格に影響していることに注意しなければならない。
 2. 意味記憶は一般的知識であるため，加齢の影響はほとんど受けない。手続き記憶は高齢になっても保持されている。
 3. 流動性知能は大脳の生理的な面との結びつきが強いと考えられており，加齢や脳の器質的障害の影響を受けやすいが，結晶性知能はこれまでに蓄積された経験を生かす能力であり，加齢の影響を受けにくいと考えられている。

6章　高齢者の生き方
1. 活動理論は，主として社会との関係をどのように保つかが中心に考えられた。従来，暗黙のうちに引退しても社会との関係を維持した方がいいとする活動理論。

　離脱理論は，カミングとヘンリーなどによる理論で，高齢者の加齢にともなう衰えは発達的にみて生理学的なものであり，自然なものであり，高齢者自身も社会も離脱を望んでいるという説である。

　連続性理論は，1970年代になって，ニューガーテンが提唱した。すなわち幸せな老年期は，社会で活動し続けるか，離脱するかの二者択一的な議論ではなく，各個人が自己の価値観により選択するものであるという結論である。
2. 高齢者の生活を貨幣価値としての生産性からみて無価値とみるのではなく，社会に貢献するという側面からみて生産的な価値を生みだしていると考える。例えば，高齢者は自分の生きざまを語ることにより青年を勇気づけ無償の価値を創出している。
3. 生活の質（QOL）は基本的に生活機能の自立ができているかに始まり，人生が十分満たされて生活できているか，について示すことばである。高齢者のQOLを考える場合，支援される立場としてのQOLを考慮することも重要である。

7章　生涯学習について
1. 人生のさまざまな場面で直面する問題を教育という視点で見直すこと。
2. 寿命が延びたことや少子高齢化などのために，子育て後に長い期

間が人生に存在するようになった。生涯学習は後半の長い人生を有意義に過ごすための重要なテーマとなった。
3. これからの高齢期教育政策は実際的な必要に答えてくれる内容で自分たちが生活していく上で必要な福祉，経済，健康などの知識を得ることが学問的知識と同時に必要事項となってくる。

8章　高齢者の就業
1. 「働きたい」と言う意識は高い。現に60歳をすぎても多くの高齢者が就業している。高齢者の就業を考える時，①経済の担い手として，②社会参加としての2つが考えられるが，多くの調査結果から経済の担い手としてよりも社会参加の理由のほうが高く，特に「健康を維持したい」が最多である。
2. 日本の労働力の特徴は，出産・子育てで離職した女性の復職が困難なこと，増大する高年齢者に対応した仕事・就業づくりがあまり進展していないことがあげられ，就業環境に問題が多いことがわかる。

9章　高齢者の人間関係と社会
1. 諸外国に比較して離れて住んでいる子どもとの接触頻度が低く，「ときどき会って食事や会話をするのがよい」が上昇し，つき合いは密度が薄くてもよいと考える高齢者が増えている。諸外国に比較して日本では近所づき合いは少なく，「物をあげたり貰ったりする」が多く，「家事など雑事を助け合う」「病気の時に助け合う」は極端に低く，有事の時に近所との助け合いなどはあまりしないことがわかり，比較的表面的なつき合いが多いと言える。
2. 65歳以上の一人暮らし高齢者は増加傾向にある。心配ごとや悩みごとの内容ではどの世帯においても自分の健康がもっとも多く，次が生活費のことである。単身世帯だけをみると，病気のとき面倒みてくれる人がいない，一人暮らしや孤独になることに対して心配している人が他の世帯に比較して多い。
3. 高齢者のグループ活動への参加は関心が高く，参加の第一の目標は健康維持のためで具体的にはスポーツである。NPO(市民活動団体)活動に関心を持っていてボランティア的な活動への関心も深い。

課題・問題の解答,考えるためのキーワード **215**

10章　精神的病気・不適応

1. 加齢により,身体機能や感覚機能などの変化,環境の変化,配偶者や近親者との死別などのストレスがあり,厚生労働省の調査では,「収入・家計・借金等」「自分の病気や介護」「家族の病気や介護」の3つが上位3項目となっている。
2. せん妄は,一過性の意識障害で,しばしば興奮状態や幻覚体験を伴うことがあり,なんらかの病気のために意識がボーっとしている状態である。せん妄は,突然起こり,日内変動も顕著である。
3. 統合失調症,レビー小体型認知症,妄想性障害などがあり,うつ病でも貧困妄想などの妄想が出現する場合がある。

11章　認知症の心理

1. 脳の変性性認知症と脳血管性認知症に大別され,脳の変性性認知症にはアルツハイマー型認知症と,その他のレビー小体型認知症,前頭側頭型認知症(ピック病)などがあり,脳血管性認知症には,脳梗塞,脳出血による認知症が含まれる。
2. HDS-R,MMSE,かなひろいテスト,国立精研式痴呆スクリーニング・テスト,N式精神機能検査,時計描画テスト(CDT),ベントン視覚記銘検査,レーヴン色彩マトリックス検査,コース立方体組み合わせテストなどがある。
3. 認知症の対応をするために重要なことは,認知症について正しく理解することである。

12章　介護予防の推進

1. 介護予防とは高齢者の心身機能や生活機能の低下から要介護状態に陥らない,あるいは状態が悪化しないようにするための予防を意味する。介護保険上の介護予防の理念は,①利用者本位のサービス,②在宅ケアの推進,③地方分権の推進による自立支援,に基づいている。
2. 地域包括支援センターが中心となって要支援1・2の人を中心に介護支援を実施している。それらは,訪問介護,入浴介護,リハビリテーション,通所介護等である。

3. 包括支援センターが中心となって介護予防を進めている。介護保険で要支援1・2と認定された人に対して自立への支援を行う。総合相談・支援，権利擁護，包括的・継続的ケアマネジメント，さらに地域の高齢者が自立して生活できるよう支援する。

13章　介護者のための支援

1. 介護現場のような対人関係の職場において生ずるストレス状態である。人手不足で仕事量が多く，対象者のケアは気をぬくことができず，職場の人間関係も複雑などの場合，常に緊張状態におかれる。このような状態が長く続き，しかも解決する見通しがつかないと，極度の心身の疲労と感情の枯渇状態になり，自己卑下，仕事嫌悪，思いやりの喪失感をともなう。このような状態を燃え尽き症候群（バーンアウト）という。

2. ゆるやかな介護を考え，完璧な介護をめざさずに適当に手抜きをする。自分自身を失わず，自分の仕事や楽しみも続ける。利用できる社会的サービスを利用するなども含めて1人で介護をしようとせず，周囲の援助をもとめる。

3. 介護される側から社会を見る目を持つことができる。自分はどのような一生を過ごし，老後をどのように過ごしたいのか，具体的なイメージがわき，自分について深く考えるようになるなどの高齢者から得られるものもある。貨幣価値ではない人の本当の価値は何か，生きる意味について考えるきっかけを与えてくれる。

14章　高齢者のアセスメント

1. 一般的に適切なケアや治療をするにあたって，方針をたて適切な方法を見いだす過程をアセスメントという。本人や家族，関係者に面接したり必要に応じて心理テストを行う。

2. 信頼性と妥当性が基準に満たされている場合に，統計的にみて信頼できるテストと判断されている。高齢者の場合，テストは被験者に心理的な負担や苦痛を与えないこと，短時間でできること，多くの器具を必要としないこと，費用がかからないことなどが必須条件と考えられる。

15章　高齢者の心理療法

1. 高齢者の心理療法としてロジャーズが提唱した来談者中心療法が基本的によく使われている。この理論のもっとも大事なことは，高齢者の心を開放させ，自己洞察へとむかわせ，個人個人が自由にのびのび生活できるように支援をすることである。
2. コラージュ療法は，いらない雑誌，きれいなパンフレットなどを集めてその中から気にいった絵や写真を切り抜き，貼り，自分なりの表現を展開していくものである。
3. 音楽療法は「音楽によって心身の障害や機能の回復，維持・改善，生活の向上に向けて意図的・計画的に行われる」療法である。
4. 化粧療法は，一般的な化粧がもつ人をひきつける強さを利用して，認知症・高齢者の情緒の安定や認知能力の向上をめざして生活の改善を得ることを目的とする治療法である。
5. 自律訓練法はシュルツが始めた治療法である。彼は自己暗示により，疲労，頭痛，緊張が軽減するなど健康回復の効果があることを報告した。そこで身体的感覚を中心とした一連の自己暗示の6公式の系列を作った。
6. 箱庭療法は「この砂箱とミニチュアを使って自由に作りたいものを作ってください」という。高齢者は喜んで作り始めることが多い。カルフは，許容的なセラピストのもとで自由に作ることの意味を重視した。箱庭の作品は作者の内面を象徴的に表現しており，ミニチュア一つひとつが作者にとって重要な意味を持っている。

引用・参考文献

[A]

秋山美栄子・山本哲也(編著)医療秘書教育全国協議会(監修) (2007). 福祉事務管理シリーズ3. 老人・障害者の心理 建帛社.

安藤幸夫 (2006). 人体の不思議 ナツメ社.

荒井保男・星 薫 (1995). 老年心理学 財団法人放送大学教育振興会.

Atkinson, R. C. & Shiffrin, R. M. (1968). Human memory: A proposed system and its control processes. In K. W. Spence & J. T. Spence(Eds.), *Thepsychology of learning and motivation : Advances in researgh and theory*, vol.2. Academic Press.

[B]

Buttler, R. N. (1991). 内薗耕二 (監訳) グレッグ・中村文子 (訳) 老後はなぜ悲劇なのか―アメリカの老人たちの生活 メヂカルフレンド社.

[C]

Caprara, G. V. et al. (1993). The "Big five questionnaire": A new questionnaire to assess the five factor model. *Personality and Individual Differences*, **15**(3), 281–288.

Cattell, R. B. (1963). Theory of fluid and crystallized intelligence: A critical experiment. *Journal of Educational Psychology*, **54**(1), 1–22.

Cattell, R. B., & Horn, J. L. (1978). A check on the theory of fluid and crystallized intelligence with description of new subtests designs. *Journal of Educational Measurement*, **15**(3), 139–164.

Colman, A. M. (2001). *A Dictionary of Psychology*. New York: Oxford University. (藤永 保・仲真紀子(監修) (2004). 心理学辞典 丸善.)

Conley, J. J. (1985). Longitudinal stability of personality traits: A multitrait–multimethod–multioccasion analysis. *Journal of personality and Social Psychology*, **49**(5), 1266–1282.

Costa, P. T. Jr., & McCrae, R. R. (1980 a). Still stable after all these years: Personality as a key to some issues in adulthood and old age. In P. B. Baltes & O. G. Jr. Brim (Eds.) *Life span development and behavior*. Academic Press, pp.65–102.

Costa, P. T. Jr., & McCrae, R. R. (1980 b). Enduring dispositions in adult males. *Journal of Personality and Social Psychology*, **38**(5), 793–800.

Costa, P. T. Jr. et al. (1986). cross-sectional studies of personality in a national sample: 2 Stability in neuroticism, extraversion, and openness. *Psychology and Aging*, **1**(2), 144–149.

Costa, P. T. Jr., & McCrae, R. R. (1988). Personality in adulthood: A six-year longitudinal study of self-reports and spouse ratings on the NEO Personality Inventory. *Journal of Personality and Social Psychology*, **54**(5), 853-863.

[D]

大学院入試問題分析チーム編集 (2005). 臨床心理士・指定大学院合格のための心理学テキスト オクムラ書店.

大学院入試問題分析チーム編集 (2008). 臨床心理士・指定大学院合格のための心理学キーワード辞典(改訂版) オクムラ書店.

Deary, I. J. (2001). *INTELLIGENCE: A Very Short Introduction*. (繁桝算男 (訳) 松原達哉 (解説) (2004). 1冊でわかる 知能 イアン・ディアリ 岩波書店.)

Diener, E., Suh, E. M., Lucas, R. E., & Smith, H. L (1999). Subjective well-being. Threedecades of progress. *Psychological Bulletin*, **125**, 276-302.

[E]

エイジング総合研究センター (2008). 少子高齢社会の基礎知識 中央法規.

Erikson, E. H. (1963). *Childhood and society*. 2 nd ed., New York: W. W. Norton & Co.

Erikson, E. H., & Erikson, J. M. (1982). *THE LIFE CYCLE COMPLETED A REVIEW*. W. W. Norton & Co. (村瀬孝雄・近藤邦夫 (訳) (1989). ライフサイクル, その完結 みすず書房)

Erikson, E. H., Erikson, J. M., & Kivnick, H. Q. (1986). *VITAL INVOLVEMENT IN OLD AGE*. W. W. Norton & Co. (朝長正徳・朝長梨枝子 (訳) (1990). 老年期―生き生きしたかかわりあい みすず書房.)

Erikson, E. H., & Erikson, J. M. (1997). *THE LIFE CYCLE COMPLETED A REVIEW* (Expanded Edition). W. W. Norton & Co. (村瀬孝雄・近藤邦夫 (訳) (2001). ライフサイクル, その完結(増補版) みすず書房.)

[F]

Field, D., & Millsap, R. E. (1991). Personality in advanced old age: Continuity or change? *Journal of Gerontokogy*, **46**(6), 299-308.

Finn, S. E. (1986). Stability of personality self-ratings over 30 years: Evidence for an age/cohort interaction. *Journal of personality and Social Psychology*, **50**(4), 813-818.

Folstein, M. F., Folstein, S. E., & McHugh, P. R. (1975). "Mini-Mental State"; a practical method for grading the cognitive state for the clinician. *J Psychiatr Res*, **12**, 189-198.

藤本大三郎 (2000). 長寿学―老化を防ぐ科学知識― ちくま新書.

藤本大三郎 (2001). 老化のしくみと寿命 ナツメ社.

藤田綾子 (2007). 超高齢社会は高齢者が支える年齢差別を超えて創造的老いへ 大阪大学出版会.

引用・参考文献

藤田綾子・村井潤一・小山　正（編）(2007). 老人・障害者の心理　ミネルヴァ書房.
福永篤志 (2006). よくわかる脳のしくみ　ナツメ社.
福永知子他 (1988). 新しい老人用精神機能検査の作成―N式精神機能検査―. 老年精神医学, **5**, 221-231.
福島和子 (2009). 認知症なんてこわくない―認知症の認知リハビリ―　真興交易医書出版部.
福屋武人（編著）(2008). 老年期の心理学　学術図書出版社.
フリーダン, B.／山本博子・寺澤恵美子（訳）(1995). 老いの泉(上下)　西村書店.

[**G**]

Gerdner L. (2000). Music, art, andrecreational therapies in the treatment of behavioral and psychological symptoms of dementia. Int Psychogeriatr 12(Suppl 1), 359-366.
権藤恭之（編）(2009). 朝倉心理学講座15　老年心理学　朝倉書店.
Goodenough, F. (1926). *Measurement of Intelligence by Drawings*. NY.: Harcourt, Brace & World.
後藤佐多良 (2009). 老化学説・アンチエイジング　オーバービュー. 日本老年医学雑誌, **46**(3), 218-221.
Goulet, L. R., & Baltes, P. B. (Eds.), (1970). *Life-span Developmental Psychology: Research and Theory*. New York: Academic Press.

[**H**]

浜　治世・浅井　泉 (1992). 老人性痴呆の情動活性化の試み―化粧を一つの手段として―. 日本健康心理学会第5回大会発表論文集, 40-41.
浜田和幸 (2007). 団塊世代のアンチエイジング―*Anti-Aging: How to Get an Eternal Life*―　光文社.
原千恵子 (2000). 自律訓練法によるバウム・テストと主観的体験の変化. 自律訓練研究, Vol.19, 1・2号　合併号, 39-45.
原千恵子 (2001). 自律訓練法練習過程における主観的体験と不安について. 自律訓練研究, Vol.20, 1・2号, 44-52.
原千恵子 (2002). 市民グループによる自律訓練法の習得と日常生活における効用. 自律訓練研究, Vol.21, 1・2号, 40-51.
原千恵子 (2003). 痴呆性高齢者への包括的心理療法臨床―芸術療法を中心として. 臨床描画研究, Vol.18, 142-157.
原千恵子 (2004). 痴呆性高齢者のための包括的心理療法―化粧療法を中心に―. 心理臨床学研究, 22巻5号, 511-519.
原千恵子・奥村水沙子 (2005). 認知症高齢者への自律訓練法の可能性（その1）個人・グループ指導における短期訓練の有効性. 自律訓練研究, **25**(1・2), 43-51.
原千恵子（編著）(2005). 心理学　A to Z　学苑社.
原千恵子 (2006). ナラティヴアプローチによる認知症高齢者のコラージュ. 臨床描画研究, Vol.21, 133-150.

原千恵子（2007 a）．認知症高齢者への心理学的アプローチ―施設への訪問セラピー．日米高齢者保健福祉学会誌，2号，185-194．

原千恵子（2007 b）．認知症・高齢者への自律訓練法の可能性（その2）グループ指導における長期訓練の練習過程．自律訓練研究，27巻2号，42-52．

原千恵子（2007 c）．箱庭療法の認知症高齢者への適応．日本箱庭療法学会第21回大会発表論文集，90-91．

原千恵子（2008）．認知症高齢者への治療的関わり―箱庭療法の可能性―．心理臨床学研究，25巻6号，636-646．

原千恵子（2009 a）．高齢者のための心理療法の開発とその実際的展開．平成17年度～平成19年度科学研究費補助金（基盤研究（C））研究成果報告．

原千恵子（2009 b）．認知症・高齢者への自律訓練法の適応における効果と問題．日米高齢者保健福祉学会誌第3号．

原千恵子（2009 c）．傾聴・心を聴く方法．高齢者支援のための理論と実践　学苑社．

原千恵子（2010 a）．認知症高齢者の自己像描画―化粧療法の治療効果測定のために―．臨床描画研究，**25**，161-173，

原千恵子（2010 b）．認知症高齢者が箱庭療法で表現したもの．箱庭療法学研究，Vol. **23** No.1, 47-58．

春木　豊（1999）．自律訓練と東洋的行法の比較．自律訓練研究，**18**(1), 8-13

長谷川和夫（2008）．認知症の知りたいことガイドブック―最新医療＆やさしい介護のコツ　中央法規．

長谷川和夫・井上勝也・守屋國光（1974）．老人の痴呆診査スケールの一検討．精神医学，16, 965-969

長谷川和夫他（2001）．こころのライブラリー4：エイジレスの時代―高齢者のこころ―　星和書店．

長谷川和夫・長嶋紀一・遠藤英俊（編著）（2009）．発達と老化の理解―介護の視点からみる高齢者の心理と健康―　建帛社．

Havighurst, R. J. (1953). *Human Development and Education*. Longmans, Green & Co, Inc.（荘司雅子（訳）（1958）．人間の発達課題と教育・幼年期より老年期まで　牧書店．）

Helon, R., Jones, C., & Kwan, Y. S. (2002). Personality change over 40 years of adulthood: Hierarchical linear modeling analyses of two longitudinal samples. *Journal of Personality and Social Psychology*, **83**(3), 752-766.

東山紘久（2003）．来談者中心療法　ミネルヴァ書房．

日野原重明（2006）．音楽の癒しのちから　春秋社．

平井俊策（監修）荒井啓行・浦上克哉・武田雅彦・本間　昭（編）（2008）．老年期認知症ナビゲーター　メディカルレビュー社．

Holden, U. P., & Wood, R. T. (1982). *Realty Orientation Psychological Approaches to the 'Confused' Elderly*. Churchill Livingstone.

Horn, J. L. (1970). Organization of data on life-span development of human abilities. In L. R. Goulet & P. B. Baltes (Eds.) *Life-span developmental psychology: Research and theory*. New York: Academic Press, pp.423-466.

引用・参考文献

[I]

イアン・スチュアート=ハミルトン／石丸　正（訳）(1995). 老いの心理学―満ちたりた老年期のために―　岩崎学術出版社.
市川隆一郎・藤野信行 (1998). 老年心理学　診断と治療社.
池見　陽 (1983). 体験過程 ASC. 自律訓練研究, **4**(1), 29-31.
飯森眞喜雄・坂上正巳編 (2004). 音楽療法　芸術療法実践講座4　岩崎学術出版社.
今掘和友 (2004). 老化とは何か　岩波新書.
稲垣宏樹 (2006). 記憶の心理学と現代社会：第Ⅲ部第3章　もの忘れは年のせい？―認知症という病　有斐閣.
伊波和恵・浜　治世 (1993)：老年期痴呆症者における情動活性化の試み―化粧を用いて―. 健康心理学研究, **6**(2), 29-38.
井上勝也（責任編集）(1999). 老人の心理と援助(最新介護福祉全集)　メヂカルフレンド社.
井上勝也 (2005). 高齢者とカウンセリング　現代のエスプリ(別冊), 271.
井上勝也・木村　周 (1998). 老年心理学　朝倉書店.
井上　修 (1975). 老年者用知能テストに関する研究―阪大式老年者用知能テスト―. 大阪大学医学雑誌, **26**, 123-142.
石崎淳一 (2000). アルツハイマー病患者のコラージュ表現. 心理臨床学研究, **18**(2), 191-196.
石崎淳一 (2001). コラージュに見る痴呆高齢者の内的世界―中等度アルツハイマー病患者の作品から―. 心理臨床学研究, **19**(3), 278-289.
石関ちなつ・中村晶子他 (1994). 高齢者における集団自律訓練法―その有効性について②, 日本自律訓練学第17回大会.
伊東　博 (1995). カウンセリング　誠信書房.
岩田　誠 (2006). 脳のしくみ　ナツメ社.

[K]

鏡　諭（編）(2005). 介護予防のそこが知りたい　ぎょうせい.
鎌田ケイ子 (2010). こんなときどうする？チャートでわかる認知症介護　世界文化社.
上島国利・上別府圭子・平島奈津子（編）(2007). 知っておきたい精神医学の基礎知識―サイコロジストとコ・メディカルのために　誠信書房.
神谷美恵子 (1980). 生きがいについて　みすず書房.
金子満雄 (2001). 老人性痴呆の正しい知識(改訂版)　南江堂.
加藤伸司 (2006). 認知症になるとなぜ「不可解な行動」をとるのか―深層心理を読み解きケアの方法をさぐる―　河出書房新社.
加藤伸司・長谷川和夫他 (1991). 改訂長谷川式簡易知能評価スケール(HDS-R)の作成. 老年精神医学雑誌, **2**, 1339-1347.
河合隼雄（編）(1969). 箱庭療法入門　誠信書房.
河合隼雄・山中康裕（編）(1982-1987). 箱庭療法研究　1巻〜3巻　誠信書房.
河合隼雄・中村雄二郎 (1984). トポスの知・箱庭療法の世界　TBSブリタニカ.
河合　眞 (2001). 音楽療法―精神科医の実践の記録(改訂2版)　南山堂.

唐沢かおり・八田武志 (2009). 幸せな高齢者としての生活　中西屋出版.
川島みどり (訳) (1994). 痴呆老人のアセスメントとケア・リアリテイオリエンテーションによるアプローチ　医学書院.
川島竜太 (2004). 痴呆に挑む・学習療法の基礎知識　くもん出版.
萱原道春 (1987). 老年期痴呆への心理療法的アプローチ：痴呆老人の心理力動的理解. 心理臨床学研究, **5**(1), 4-13.
菊池長徳 (1989). 自律訓練法と隣接諸技法の統合と展開―自律訓練法とヨーガ，禅―. 自律訓練研究, **9**(1), 27-32.
木村晴子 (1985). 箱庭療法―基礎的研究と実践　創元社.
木下康仁 (1989). 老人ケアの社会学　医学書院　pp.189-196.
北本福美 (1992). 痴呆老人への音楽療法. 日本芸術療法学会誌, **23**(1), 117-126.
北本福美 (1996). 老人臨床におけるグループ音楽療法の試み. 心理臨床学研究, **14**(2), 141-151.
北本福美 (2001). 音楽療法をとおして老いと死を考える　こころの科学.
北本福美 (2002). 老いのこころと向き合う音楽療法　音楽の友社.
北本福美 (2004). 痴呆性疾患に対する精神療法―その可能性と限界：高齢者を対象とする個人音楽療法の実際. 老年精神医学雑誌, **15**(5), 489-496.
木谷佳子 (2007). 美容福祉の魔法のちから　講談社.
小林敏子・青木信雄・斉藤好子他 (2000). 在宅痴呆性高齢者の処遇向上を目指す研究報告書. 財団法人長寿社会開発センター委託事業.
Koch, C. (1952). *The Tree Test*. Hans Huber. (林　勝造・国吉政一・一谷　彊 (訳) (1970). バウムテスト―樹木画による人格診断法　日本文化科学社.)
国際老年精神医学会 (2005). BPSD　痴呆の行動と心理症状　アルタ出版.
河野和彦 (2010). 認知症ハンドブック①認知症の診断〈改訂版〉　アルツハイマーライゼーションと時計描画検査　フジメディカル出版.
近藤　勉・鎌田次郎 (2003). 高齢者向け生きがい感スケール (K-1 式)の作成および生きがい感の定義. 社会福祉, **43**(2), 93-101.
厚生白書 (1997). 厚生省.
厚生労働省 (編) (2005). 厚生労働白書 (平成 17 年版) ―地域とともに支えるこれからの社会保障― ぎょうせい.
厚生労働省 (2007). 国民生活基礎調査.
Krueger, J., & Heckhausen, J. (1993). Personality development across the adult life span:Subjective conceptions vs cross-sectional contrasts. *Journal of Gerontology*, **48**(3), 100-108.
工藤由貴子 (2006). 老年学―高齢社会への新しい扉をひらく―　角川学芸出版.
黒川由紀子 (1995). 痴呆老人に対する心理的アプローチ. 心理臨床学研究, **13**(2), 169-179.
黒川由紀子 (2004). 痴呆性疾患に対する精神療法―その可能性と限界―. 老年精神医学雑誌, **15**(5), 483-488.
黒川由紀子 (2006 a). 回想法―高齢者の心理療法―　誠信書房.
黒川由紀子 (2006 b). 世代間交流としての回想法. 精神療法, **32**(2), 139-145.
古谷野亘・柴田　博・芳賀　博・須山靖男 (1989). 生活満足度尺度の構造―主観的

幸福感の多次元性とその測定—. 老年社会科学, **11**, 99-115.

[L]

Lawton, M. P. (1972). Assessing the competence of older people. In Kent, D. P., Kastenbaum, R., & Sherwood, S. (Eds.), *Research Planning and Action for the Elderly: The Power and Pottential of Social Science*. Human Science, pp.122-143.

Lawton, M. P. (1975). The Philadelphia Genatric Center Maralr Scale: Arevivion. *Journal of Gerontology*, **30**, 85-89.

Levinson, D. J. (1978). THE SEASONS OF A MAN'S LIFE (南 博(訳)(1992). ライフサイクルの心理学(上・下)講談社.)

[M]

Machover, K. (1949). *Personality Projection in the Drawing of the Human Figure*. Springfield, IL: Charless C Thomas Publisher. (深田尚彦（訳）(1974). 人物画への性格投影 黎明書房.)

前田大作・野口裕二・玉野和志・中谷陽明・坂田周一・Liang, J. (1989). 高齢者の主観的幸福感の構造と要因. 社会老年学, **30**, 3-16.

Maslach, C., & Leiter, M. P. (1997). *The Truth about Burnout*. San Francisco: Jossey-Bass Publishers. (高見恭子（訳）(1998). 燃えつき症候群の真実 トッパン.)

Matazarro, J. D. (1972). *Wechsler's measurement and appraisal of adult intelligence*, 5 th and enlarged ed. New York: Oxford University Press.

松原秀樹他 (2004). 自律訓練研究, **23**, 臨時増刊号 14.

松原達哉 (2002). 心理テスト法入門—基礎知識と技法習得のために—(第4版) 日本文化科学社.

松原達哉 (2006). カウンセラーの倫理 金子書房.

McCrae, R. R., & Costa, P. T. Jr. (1990). *Personality in adulthood*. Guiford Prese.

Meier, C. A. (1993). *Personlichkeit: Der Individuationsprozeb im Lichte der Typologie C. G. Jung*. (氏原 寛（訳）(1993). 個性化の過程：ユングの類型論よりみた人格：ユング心理学概説(4) 創元社.)

三森康世・仲 博満・加世田ゆみ子・河野智之・大貫英一 (2007). 認知症の診断—身体疾患と認知症—. 治療, **89**(11), 2980-2986.

宮原英種（監）・稲谷ふみ枝 (2006). 高齢者理解の臨床心理学 ナカニシヤ出版.

守屋國光 (2005). 生涯発達論—人間発達の理論と概念— 風間書房.

師岡宏之(編著) (2001). 心理療法としての音楽療法音楽療法とカウンセリングの実際 音楽之友社.

諸富祥彦 (1997). カール・ロジャーズ入門 自分が"自分"になることということ 星雲社.

諸富祥彦 (2004). 生きがい発見の心理学 新潮社.

Mroczek, D. K., & Spiro, A. III. (2005). Change in life satisfaction during adulthood: Findings from the veterans affairs normative aging study. *Journal of Personal-*

ity and Social Psychology, **88**, 189-202.

村上正人・江花昭一他（1990）．自律訓練中に出現する諸現象とその対応について．自律訓練研究, **11**(1), 1-6.

村山正治（2005）．ロジャーズをめぐって─臨床を生きる発想と方法─　金剛出版．

室伏君士（1984）．老年期の精神科臨床　金剛出版．

[N]

内閣府（2006）．高齢者の生活と意識に関する国際比較調査．

内閣府（2008）．高齢者の地域社会への参加に関する意識調査．

内閣府（2009）．高齢社会対策に関する調査．

内閣府（2010）．高齢社会白書　佐伯印刷．

中川保孝（2000）．老年期痴呆と芸術療法．こころの科学, **92**, 89-97.

中島健一（2001）．痴呆性高齢者の動作法，中央法規, 96.

中島智子（2007）．認知症高齢者への音楽療法─モーツァルトを導入して─．第39回日本芸術療法学会, 42.

中村晶子・石関ちなつ他（1994）．高齢者における集団自律訓練法─その有効性について─．日本自立訓練学会17回大会．

中村健太郎（2006）．音のしくみ　ナツメ社．

中野敬子（2009）．ストレス・マネジメント入門─自己診断と対処法を学ぶ　金剛出版．

中里克治・下仲順子（1990）．老年期における知能とその変化．社会老年学, **32**, 22-28.

Naomi Feil（1993）．*The Validation Breakthrough*. Health Professions.（藤沢嘉勝（監訳）篠崎人理・高橋誠一（訳）（2001）．バリデーション，痴呆高齢者との超コミュニケーション法　筒井書房．）

Neugarten, B. L. et al.（1968）. Personality and patterns of aging. In B. L. Neugarten (ed.), *Middle Age and Aging*. University of Chicago Press.

Newman, B. M., & Newman, R. P.（1984）. *DEVELOPMENT THROUGH LIFE* (Third Edition): A Psychosocial Approach.（福富　護（訳）（1988）．新版　生涯発達心理学─エリクソンによる人間の一生とその可能性─　川島書店．）

野村豊子（1998）．回想法とライフレヴュー──その理論と実際─　中央法規出版．

[O]

岡田康伸（1984）．箱庭療法の基礎　誠信書房．

岡田康伸（1993）．箱庭療法の展開　誠信書房．

岡田康伸（編集）（2002）．箱庭療法の現代的意義　現代のエスプリ別冊　至文堂．

岡村清子・長谷川倫子（1997）．テキストブック　エイジングの社会学　日本評論社．

大下智彦・郡山達男・松本昌泰（2006）．高齢者にみられる認知障害の特徴─初期血管性認知症の認知障害─．老年精神医学雑誌, **17**(4), 393-399.

太田信夫（編）（2006）．記憶の心理学と現代社会─Contemporary Issues in Applied Psychology of Memory─　有斐閣．

大田理恵子・佐田彰見・山田恵美・芦原　睦（2004）．集団自律訓練法に導入した高

齢者の検討―若年者と比較して―．自律訓練研究, **24**, 1-2, 15-22.
大塚俊男・本間　昭（編）（2004）．高齢者のための知的機能検査の手引き　ワールドプランニング．
大塚俊男・本間　昭（2006）．高齢者のための知的機能検査の手引き　ワールドプランニング．
大塚俊男・下仲順子・北村俊則・中里克治・丸山　晋・谷口幸一・佐藤真一・池田　央（1987）．痴呆スクリーニング・テストの開発．精神医学, **29**(4), 395-402.
大塚義孝（編）（1998）．現代のエスプリ別冊：心の病理学　至文堂．
長田久雄（2008）．心ふれあう「傾聴」のすすめ　河出書房新書．
小澤　勲（2006 a）．認知症とは何か　岩波新書．
小澤　勲（2006 b）．痴呆を生きるということ　岩波新書．

[**R**]

Reichard, S. et al.（1980）．*Aging and Personality*. Arno Press.
Reisberg, B. et al.（1984）．*Functional staging of dementia of the Alzheimer type*. Ann NY Acad Sci, 435, 481-483.

[**S**]

貞木隆志・長屋正男・黒田聖一・下田裕子（2000）．色塗り法の研究．心理臨床学究, **18**(4), 396-401.
斎藤正彦（編）（2010）．高齢社会考―われわれはいかに生き抜くべきか―　ワールドプランニング．
坂入洋右（1995）．自律訓練中に不安反応が生じる患者の特性と不安反応への対応．自律訓練研究, **15**(1), 30-39
Samuels, A. et al.（1986）．*A CRITICAL DICTIONARY OF JUNGIAN ANALYSIS*. Routledge & Kegan Paul Ltd.（濱野清志他（訳）（1993）．ユング心理学辞典　創元社．）
佐野友泰（2006）．コラージュ療法に関する基礎研究―芸術療法小史・展望と課題・実証的探索研究より―　明星大学博士論文．
佐々木雄二（1996）．自律訓練法の臨床　岩崎学術出版社, pp.74-76.
佐藤眞一（1999）．生きがい―その評価と測定のポイント．生活教育, **43**(6), 28-31.
佐藤眞一・大川一郎・谷口幸一（2010）．老いとこころのケア老年行動科学入門　ミネルヴァ書房．
佐藤眞一・東　清和（1998）．中高年被雇用者および定年退職者の行動特徴といきがい．産業・組織心理学研究, **11**, 95-106.
佐藤安子・舟木順子・榎本博茂・橋爪　誠（2000）．初回 AT 指導時に出現した患者の不快反応に対する対処方法とその結果について．自律訓練研究, **19**(1・2), 86-95.
関口礼子（編）（1997）．高齢化社会への意識改革　老年学入門　勁草書房．
柴田　博（2002）．8 割以上の老人は自立している　ビジネス社．
下仲順子（編）（1997）．老年心理学　培風館．
下仲順子（編）（2007）．高齢期の心理と臨床心理学　培風館．

下仲順子・中里克治(1999).老年期における人格の縦断研究―人格の安定性と変化及び生存との関係について―.教育心理学研究, **47**(3), 293-304.
篠原佳年(1998).モーツァルト療法　マガジンハウス.
資生堂ビューティサイエンス研究所(編)(1993).化粧心理学　フラグランスジャーナル社.
曽我昌祺・日下菜穂子(編)(2006).高齢者の心のケア　金剛出版.
Srivastava, S. et al.(2003). Development of personality in early and middle adulthood: Set like plaster or persistent change? *Journal of Personality and Social Psychology*, **84**(5), 1041-1053.
Strehler, B. L.(1962). *Time cell and aging*. New York: Academic Press.
杉下守弘・朝田　隆(2009).高齢者用うつ尺度短縮版―日本版(Geriatric Depression Scale-Short Version-Japanese, GDS-S-J)の作成について.認知神経科学, **11**(1), 87-90.
杉浦京子(1994).コラージュ療法―基礎研究と実際―　川島書店.

[T]
高木恭子(2005).やさしい音色の処方箋　家の光協会.
高木　修(監修)(1996).被服と社会心理学　北大路書房.
高橋三郎・大野　裕・染矢俊幸(訳)(2004). DSM-IV-TR　精神疾患の分類と診断の手引き(新訂版)　医学書院.
高橋多喜子(2006).補完・代替医療　音楽療法　金芳堂.
高野美智子・安東末廣(1997).脳挫傷患者に対する自律訓練法の摘要―不安低減と頭痛の改善についての検討―.自律訓練研究, **16**(2), 56-63.
高島明彦(2006).面白いほどよくわかる脳のしくみ　日本文芸社.
竹内孝仁(2001).閉じこもり,閉じこもり症候群.介護予防研修テキスト　社会保険研究所.
竹田伸也・井上雅彦(2005).重度認知症高齢者への動作法の治療要因.心理臨床学研究, **23**(3), 305-315.
田中多聞(1989).第五の医学　音楽療法　人間と歴史社.
谷口幸一(編著)(1997).成熟と老化の心理学　コレール社.
谷口幸一・佐藤真一(編)(2007).エイジング心理学　北大路書房.
辻　正二・船津　衛(編著)(2003).エイジングの社会心理　北樹出版.

[U]
氏原　寛・東山紘久(1992).カウンセリング初歩　ミネルヴァ書房.
梅田忠之(1982).自律訓練法の効果の検討―集団指導3年後のアンケート調査研究.自律訓練研究, Vol.4 No.1, 59-63.
浦上克哉(編)・大内尉義(監)(2009).老年医学の基礎と臨床II―認知症学とマネジメント―　ワールドプランニング.
浦野エイミ(1990).痴呆性老人の集団心理療法.室伏君士(編)老年期痴呆の医療と看護　金剛出版, pp.160-174.

[**W**]

和合治久(2004).健康モーツァルト療法 免疫音楽医療入門 春秋社.

渡辺恭子(2002).音楽療法が痴呆症状を呈する老年期の患者の認知機能に及ぼす効果に関する考察.日本音楽療法学会誌,**2**(2), 181–187.

渡辺恭子・池田 学(2002).痴呆に対する音楽療法.老年精神医学雑誌,13巻9号,1031–1035.

渡辺三枝子(2002).新版カウンセリング心理学 カウンセラーの専門性と責任性 ナカニシヤ出版.

[**Y**]

山口晴保(2010).認知症の正しい理解と包括的医療・ケアのポイント―快一徹!脳活性化リハビリテーションで進行を防ごう― 協同医学出版社.

山野正義(2003).生きるほどに美しく IN通信社.

柳澤信夫(2005).老年期痴呆の克服をめざして 医学書院.

Yesavage, J. A., Brink, T. L. et al. (1982–1983). Development and Validation of a geriatric depression screening scale; A preliminary report. *J Psychiatr Res*, **17**(1), 37–49.

索　引

人名索引

エリクソン(Erikson, E. H.)　20, 26
カルフ(Kalff, D.)　203
カロ(Francis G. Caro)　75
キャッテル(Cattell, R. B.)　59
黒川由紀子　30, 57
グッドイナフ(Goodenough, F. L.)　167
ケトレー(Quetelet, A.)　2
コスタ(Costa, T. R.)　50, 52, 69
小林敏子　157
佐々木雄二　198
ジョウン・エリクソン(Joan M. Erikson)　20, 22, 24
下仲順子　52, 60
シュルツ(Schultz, J. H.)　196
ストレーラー(Strehler, B. L.)　36
セリエ(Selye, H.)　115
ニューガーテン(Neugarten, B. L.)　9, 52, 64
ニューマン(Newman, B. M.)　27, 32
ハヴィガースト(Havighrst, R. J.)　26, 64
長谷川和夫　119, 135
バトラー(Butler, R. N.)　74, 76

ビューラー(Bühler, Ch.)　30
フォークト(Vogt, O.)　196
フォルスタイン(Folstein, M. F.)　136
フォルスタイン(Folstein, S. E.)　136
フリーマン(Freeman, F. S.)　59
フロイデンバーガー(Freudenberger, H. J.)　154
フロイト(Freud, S.)　20
ペック(Peck, R.)　30
ホーン(Horn, J. L.)　60
マコーバー(Machover, K.)　165
マスラック(Maslach, C.)　153
マズロー(Maslow, A. H.)　73
マックレイ(McCrae, R. R.)　50, 52, 69
松原達哉　58
ユング(Jung, C. G.)　2, 19
レビンソン(Levinson, D. J.)　30
ローエンフェルト(Lowenfeld, M.)　203
ロートン(Lawton, M. P.)　12, 67
ロジャーズ(Rogers, C. R.)　173

事項索引

◆ 数字・欧文
ADL　165
BPSD　132
CT　135
GBS スケール　164
HDS-R　135
MMSE　136
MRA　135
MRI　134
NPO　108
PGC モラール・スケール　67
QOL　73, 74
SPECT　135

◆ あ 行
アセスメント　161
アリセプト　133, 144
アルツハイマー型認知症　130, 133
生きがい　70, 71
意識障害　119, 120
意味記憶　55, 56
うつ病　117
うつ病性仮性認知症　118
エイジズム　76
英知　22
N 式精神機能検査　137
エピソード記憶　55, 56
遠隔記憶　55

◆ か 行
介護保険サービス　13
介護予防　147
介護予防サービス　148
回想記憶　54, 55
回想法　30, 57
学習機会　86, 87
家族会　142
かなひろいテスト　136
唐澤式臨床的判定基準　164
グループ活動　106, 107
ガルヘンプ尺度　93, 94
加齢と職業能力　92
感覚記憶　54
感覚器官　42
記憶障害　138
記憶の過程　53
機能年齢　93
記銘　53
嗅覚　45
虚弱　111
近時記憶　55
近所の人とのつき合い　104
傾聴　176
傾聴活動　150
結晶性知能　59, 61
健康状態　11
見当識障害　138
高齢化　10
高齢後期　9
高齢社会対策大綱　86
高齢前期　9
国立精研式痴呆スクリーニング・テスト　136
心の支え　102
5 段階欲求階層説　73

子どもや孫とのつき合い方　101
コラージュボックス法　180

◆ さ 行
サクセスフル・エイジング　3, 63
サポートネットワーク　117
三世代世帯　100
視覚　42
失語　139
失行　139
実行機能障害　139
失認　139
社会的孤立　110
就業希望　91
周辺症状　132
主観的幸福感　69
手段的 ADL 尺度　13
受動的注意集中　198
生涯学習　83
生涯教育　4, 86
生涯発達理論　20, 31
ショートステイ　157
自立度　13
心身機能の特性　92
身体表現性障害　124
心配ごと　109
人物画テスト　165
心理社会的発達段階　20
スクリーニング検査　134
ストレス　115
ストレスコーピング　115
ストレス反応　115
ストレッサー　115
精神保健福祉センター　124
精緻化リハーサル　54
成年後見制度　143

世界技法　203
宣言の記憶　55
前頭側頭型認知症　130
前頭葉　130
想起　53

◆ た 行
短期記憶　54
地域包括支援センター　143, 150
痴呆　127
中核症状　132
聴覚　44
長期記憶　54
超高齢期　9
デイサービス　157
手続き記憶　55
展望的記憶　54, 56
統合　22
特性論　50
閉じこもり　111
トランセンダンス　24

◆ な 行
日常生活動作能力（ADL）　13, 165
任意後見制度　144
認知機能検査　134
認知症コールセンター　143
認知症疾患医療センター　143
脳血管性認知症　130, 133

◆ は 行
バウムテスト　167
箱庭療法による治癒　205
パーソナリティ　49, 50
発達課題　21, 26, 27, 31
バーンアウト　154

引きこもり 112
ピック病 130
ビッグファイブ 69
皮膚感覚 46
美容福祉師 191
貧困妄想 122
プロダクティブ・エイジング 74
平均寿命 4
法定後見制度 144
保健所 124
保持 53
ボランティア活動 107

◆ま 行
マガジン・ピクチャーコラージュ法 180
味覚 46
妄想性障害 122
燃え尽き症候群 154
物盗られ妄想 122
物忘れ外来 134

◆や 行
夜間せん妄 122
夕暮れ症候群 140

◆ら 行
来談者中心療法 173
ライフサイクル 20
流動性知能 59, 61
類型論 50
レビー小体型認知症 122, 130
老性自覚 36
老年期 9
老年心理学 1
老年的超越 23, 24

◆わ 行
ワーキングメモリ 54

著者略歴

原　千恵子(1, 2, 6, 7, 8, 9, 12, 13, 14, 15章担当)
　　　はら　ちえこ

2000年　明星大学人文学研究科心理学専攻博士後期課程中退
現　在　東京福祉大学大学院特任教授　博士（心理学）
　　　　一般社団法人シニアーセラピー代表理事
　　　　臨床心理士

中島智子(3, 4, 5, 10, 11章担当)
　　なかじま　ともこ

2008年　東京福祉大学大学院心理学研究科臨床心理学専攻
　　　　博士課程前期修了
現　在　財団法人老年病研究所附属病院
　　　　認知症疾患医療センター
　　　　臨床心理士・社会福祉士

Ⓒ　原　千恵子・中島智子　2012

2012年3月30日　初　版　発　行

心理学の世界　専門編 2
老年心理学
高齢化社会をどう生きるか

著　者　原　千恵子
　　　　中島智子
発行者　山本　格

発行所　株式会社　培風館

東京都千代田区九段南 4-3-12・郵便番号 102-8260
電　話 (03)3262-5256(代表)・振　替 00140-7-44725

東港出版印刷・牧　製本

PRINTED IN JAPAN

ISBN978-4-563-05881-4　C3311